宝藏之谜

发现之旅栏目组 编著

上海科学技术文献出版社
Shanghai Scientific and Technological Literature Press

图书在版编目（CIP）数据

宝藏之谜 / 发现之旅栏目组编著．—上海：上海科学技术文献出版社，2020

（考古发现之旅）

ISBN 978-7-5439-8006-8

Ⅰ．①宝… Ⅱ．①发… Ⅲ．①历史文物—中国—通俗读物 Ⅳ．① K87-49

中国版本图书馆 CIP 数据核字 (2019) 第 289086 号

策划编辑：张　树
责任编辑：杨怡君　曹　惠
封面设计：合育文化

宝 藏 之 谜
BAOZANG ZHI MI
发现之旅栏目组　编著
出版发行：上海科学技术文献出版社
地　　址：上海市长乐路 746 号
邮政编码：200040
经　　销：全国新华书店
印　　刷：常熟市文化印刷有限公司
开　　本：720×1000　1/16
印　　张：13
字　　数：185 000
版　　次：2020 年 1 月第 1 版　2020 年 1 月第 1 次印刷
书　　号：ISBN 978-7-5439-8006-8
定　　价：55.00 元
http://www.sstlp.com

目　录

河北省新乐市，古称新市，地处华北平原。相传远古时期，人文始祖伏羲曾在这里生活。

伏羲台之谜

相传农历三月十八是伏羲的诞辰，每年新乐何家庄都要举办庙会和庆祝活动。

一座古代的高台建筑在节日的喧闹中默默伫立，这就是伏羲台。庙会像个大集市，人来人往，商贾云集，但是最重要的活动是人们走上伏羲台，虔诚地朝拜祭祀。

▲ 伏羲台

新乐自古就流传着关于伏羲的传说，在百姓心目中，伏羲不只是人们敬仰的始祖，更具有传奇色彩。

女娲： 又称女希氏、女娲氏、女娲娘娘。她和伏羲同是中华民族的人文初祖，所处时代约为旧石器时代中晚期。她与伏羲兄妹相婚，教民结网渔猎，卜八卦。在汉族的传说中，女娲除了抟黄土造人，繁衍人类之外，还有一个伟大的功绩就是补天。

相传当时洪水滔天，唯有伏羲、女娲得以幸存。他们乘坐一只大葫芦随波逐流，漂到一处土岗停了下来，弃舟登岸，开始了新的生活。土岗因此叫葫芦头，就是现在的新乐。

洪水退去，大地荒芜。伏羲和女娲在这里结婚成家，生儿育女，繁衍后代。传说他们的孩子出生时裹在肉团里，伏羲用“刺孩草”的叶子划开肉团，小生命才呱呱坠地。

除了这些传说故事，新乐还有很多历史遗迹，当地人认为，它们与伏羲有着千丝万缕的联系，是伏羲在这里生活的证据。

2006年的一天，距何家庄20多千米的新乐县城旧址，文物管理所的工作人员在承安镇中学操场北面的一座清朝庙宇遗址，发掘出一块石碑，石碑上刻着两个字：景羲。

原新乐文物管理所所长相振稳说，院里有非常大的柱础、碑刻。这处清朝建筑遗址原是一座学校，“景羲”是它的校名，表达了新乐人对伏羲的思慕、敬仰。

新乐旧县志里有当年书院及文庙建筑群落的手绘平面图。

新乐县城的一些古老地名，也有着伏羲的影响。地方志记载，新乐县城的南城门叫作“景羲门”，寓意出门约5千米便是伏羲台。而“羲台晓日”则被列为古代的新市八景。

三皇五帝： 历史上关于三皇五帝说法不一，现在流传最广的说法是：伏羲、神农、黄帝为三皇；少昊、颛顼、帝喾、尧、舜为五帝。他们是中华上古最杰出的首领代表，也是中华民族的祖先。

“自从盘古开天地，三皇五帝到如今”，是许多传统曲目的开篇。今天，通过“夏、商、周断代工程”，已经确认中国4000多年的文明历史。虽然还有争议，但三皇五帝中的黄帝、炎帝早已被炎黄子孙公认为中华民族的始祖，他们开启了中国5000年的文明历程。

但是当我们把目光投向更遥远朦胧的历史深处，伏羲，传说的三皇中的另一人，他真的存在过吗？他所代表的伏羲时代，又是什么样子？

▲ 伏羲像

相振稳是土生土长的新乐人，作为一位文物工作者，对于伏羲的研究探索，他感到有义不容辞的责任。

相振稳把目光投向了伏羲台。如果弄清楚它的历史渊源和来龙去脉，也许能够解答人们长久以来的疑问。

伏羲台又称为“人祖庙”，主体建筑坐北朝南，分布在一条中轴线上。这条中轴线上的所有建筑，都建在高5米左右的夯土台上，并且层层加高，形成高低错落、重点突出的布局。

伏羲台从南至北，依次为六佐殿、龙师殿和寝宫。新乐曾多次遭遇战乱，伏羲台原始的建筑大多被毁，曾多次重修。今天看到的庙宇和殿堂，大多是20世纪90年代重建的。

伏羲庙中的六佐殿，原名十王殿。一根柱子的顶端，刻有“元大德五年三月，瓦刘三”的字样。据此，人们判断十王殿是伏羲台现存建筑中最古老的部分。现存的梁架大部分是元朝遗物。它的独特之处在于正脊的花饰突破了一般的北方建筑特色，其表现手法突破了官方所规定的式样，带有浓厚的民间风格，古朴大方，十分罕见。这座建筑的梁架大木为自然型材，不加斧凿，4根金檐柱用当地山石制造，形状为不等边八角形，坚固耐久，古朴壮观，具有粗犷大气的元朝风格。

▲ 手持八卦图的伏羲像

调查发现，伏羲台上下三层台，用夹砂黄土堆积而成。第三层台呈不等边的八角形，又称八卦台，传说伏羲“始画八卦”于此。伏羲台总高约27米，方圆十几千米可清晰看到主体建筑。

历史上，伏羲台曾被称为羲台城、伏羲城、古野台和义台。《括地志》中曾经记载：“野台，一名义台，在定州新乐县西南六十三里”。相振稳认为所记载的，正是今天的伏羲台。翻阅史书，在《史记·赵世家》中，相振稳又找到相关记载：“十七年，王出九门，为野台，以望齐、中山之境”。是说公元前309年，赵国国君赵武灵王穿过九门，登上野台，远望齐国和中山国。如果这里的“野台”指的也是伏羲台，那么就可以得出这样的结论：早在战国中期，伏羲台就已经存在了。新乐本土的专家、学者都持同样观点。

八卦：起源于人文始祖伏羲，表示事物自身变化的阴阳系统。八卦互相搭配又得到六十四卦，用来象征各种自然现象和人事现象。在中医中，八卦指围绕掌心周围8个穴位的总称。八卦代表了早期中国的哲学思想，是中国文化、国学、数学的鼻祖。

但是，中国社科院历史所研究员宫长为对“野台”有着不同的看法。他认为赵武灵王所登的野台，不是今天新乐的伏羲台。

古代典籍中，关于新乐伏羲台最早也最可靠的记载是《魏书·地形志》，记载：“新市、二汉、晋属，有蔺相如冢、羲台城、新市城”。从这里我们可以找到伏羲台最迟的建成年代——汉朝。

但这个答案不能解释人们心中的疑惑。汉朝，与传说中的伏羲时代相隔了几千年。司马迁的《史记》里，详细记载了黄帝和炎帝的事迹，但对于伏羲，却语焉不详。个中原因，已无从得知。也许2000多年前，人们对伏羲就有了和我们一样的困惑。

清朝嘉庆二十四年（1819）的“重修伏羲庙记”石碑上，记载着当年修缮者这样的感慨：“创建者不知始于何时，鼎新者不知历更几代”。

2001年的一个清晨，几位何家庄的村民正在伏羲台围墙以南的空地上挖坑植树。突然，一位村民手中的铲子碰到了什么，他跳下土坑，小心扒开泥土，一件陶器露了出来。一同植树的村民也陆续挖出了一些陶器残片和建筑构件。得知消息后，相振稳立即赶到了现场。

《括地志》：唐朝时期的一部大型地理著作，由魏王李泰主编。该书按当时的都督府区划和州县建置，博采经传地志，详细介绍了盛唐时期各政区建置沿革及山川、物产、古迹，风俗、人物、掌故等，南宋后散佚。1980年由中华书局编成的《括地志辑校》一书，是迄今为止最为完整的辑本。

经过整理发掘，伏羲台台基周围及周边地带1米多的浅表地层存有商周、战国、汉朝早期灰陶、夹砂灰陶。还发掘出不少带有云纹、回纹等纹式瓦当等建筑构件。其中，大量带有粗细绳纹的夹砂灰陶和灰褐陶具有重要的断代意义，它们的材质和花纹代表了典型的商周时期文化特征。直到今天，这样的粗陶残片在这里的地面上仍然随处可见。

2001年的这次发掘，将伏羲台的年代上推到了商周时期。这个结果令相振稳兴奋不已。从地下出土的陶片和建筑构件说明，在商周时期，伏羲台一带就已经有比较密集的居住区和大型建筑物。

离伏羲台不远处，是南水北调工程的中线引水渠道石家庄段。

正是这条水渠的修建，使新乐伏羲台的历史脉络逐渐清晰起来。

新乐所在的地区，古代隶属于冀州，战国时期，这里位于中山国的境内。曾经高度发达的社会经济生活和连年不断的战乱，在新乐境内留下了丰富的文物遗存。

和当年的三峡工程一样，南水北调工程也催生出一场文物大抢救。2006年初，当这段引水工程即将开工前，中山大学人类学系教授许永杰带领文物抢救发掘小组来到这里。考虑到伏羲台的悠久历史和曾经的考古发现，他把工作的重点放在了伏羲台所在的何家庄一带。

对何家庄的考古发掘，相振稳抱着很大的期望，在与许永杰的交流中，相振稳多次表达了自己的想法。

随着发掘工作的进展，很快就有了收获。许永杰和同事发现了大量夹砂灰陶和灰褐陶，陶器的表面多装饰有细绳纹，这些发现和 2001 年的发掘相互印证，经过考古类型学的判断，都属于商周时期的文物遗存。

考古类型学：是对收集到的实物资料进行科学的归纳和分类分析，找出其先后演变规律，从而结合地层学判断年代，确定遗存的文化性质，分析其反映的生产和生活状况以及社会关系、精神活动等的学科。大量用于研究陶器、瓷器等使用周期短、变化较明显的器物。

随着考古工作的进展，许永杰在商周时期的夹砂灰陶和灰褐陶中，发现了泥制橙红色陶片，引起了他的主意。这些陶片也装饰有细绳纹，有的呈现出紫红彩，与商周时期的陶片形成了鲜明对比。经过比对，它们被认定是双耳小口尖底陶瓶、彩陶钵和夹砂绳纹陶罐的残片，这些彩陶片的出现令许永杰眼前一亮。

许永杰说："相所长来到我们的工地，我对他说，相所长你的伏羲挖出来了。我指着筐里的陶片说，这就是你的伏羲。"

许永杰和相振稳沉浸在巨大的喜悦之中。

许永杰发现的陶片，在考古学中被称为"彩陶"，它是指古人在打磨光滑的橙红色的陶坯上，以天然的矿物质颜料描绘花纹和图案，入窑烧制而成的陶器，是非常古老的制陶技术。

今天，彩陶成为人们研究那段远古历史的重要依据之一。通过彩陶质地、图案、花纹和造型的变化，可以推断出遗迹的时代早晚和原始生活、生产面貌。

1921 年，考古学者最早在河南省三门峡市渑池县的仰韶村史前文化遗址中发现了彩陶，从此之后，对于那段没有文字可考的中国远古历史有了新的时间坐标——仰韶文化。它的时间跨度为距今 5000—6000 年前。彩陶成为仰韶文化的标志。

中国目前发现年代最早的彩陶，出于甘肃省天水市秦安县东北的大地湾。

1978—1984年，甘肃省文物工作队在此进行了大规模的田野发掘，发现了大量的彩陶。制作工艺非常原始，表面绘有简单的几何与动物图案，通过研究，学者们判定大地湾遗址最早的年代距今大约7800年。如果以彩陶作为衡量时间的标准，大地湾就是仰韶文化的发源地。令人惊讶的是，这里同时也是传说中伏羲的诞生地。而在传说中伏羲生活的河北新乐，同样也发现了代表史前文明的彩陶，这两者仅仅是一种巧合吗？

P901宫殿遗址

大地湾原始生活场景

人头形器口彩陶瓶

曲腹彩陶盆

大地湾二期房屋遗址复原

▲ 大地湾考古综合图

按照新乐当地的“东迁说”，伏羲是因为气候和生存问题从甘肃东迁来到河北的。从天水大地湾到新乐，直线距离约1000千米。在那个混沌、蛮荒的远古时代，伏羲经过了怎样的漫漫旅途，又在哪些地方留下了足迹呢？

今天，在关于伏羲的种种传说中，最多的一种说法是伏羲出生于甘肃天水的成纪，成长和活动于河北的新乐，死后葬在河南的淮阳。在这3个地方，都保存有与伏羲相关的建筑。

1942年9月，长沙市子弹库楚墓中盗掘出土了一件举世闻名的楚帛书。它是迄今已发现的先秦时期唯一一份缣帛文字资料。因为战乱，这份楚帛书后来流失到了美国，存放在华盛顿的赛克勒美术馆。

楚帛书： 又称楚缯书，内容分为天象、灾变、四时运转和月令禁忌几个部分，不仅载录了楚地流传的神话传说和风俗，而且还包含阴阳五行、天人感应等方面的思想。1942年9月在长沙市出土，现存放在华盛顿的赛克勒美术馆，成为该馆“镇馆之宝”。

这件楚帛书是一幅形状略近长方形的丝织物，在它的上面，四边环绕绘有12个彩色神像，并附有“题记”，在四边所画神像的中心，写有两段文字，一段13行，一段8行，两段相互颠倒。在很长的一段时间里，中外学者对楚帛书进行了大量研究，由于年代久远，不但上面的文字无法破译，就连那12个神像，也不知道是何方神圣。

▲ 楚帛书

20世纪50年代，李学勤也对楚帛书产生了浓厚兴趣。他考证了帛书周边的一圈奇怪文字，再结合中国古代典籍《尔雅》的《释天》记载，通过对神像注解文字的解读，李学勤推断出了那12个神像的真实身份。

李学勤认为，楚帛书周围的12个神像，每个神像上面都有说明，就是神的名字。即《尔雅》中12个月的名字。

就像是找到了密码和钥匙，李学勤打开了楚帛书的大门。那12个神像，对应着中国古代12个月的神，它们又分别象征着春夏秋冬4个时令，而在中国古代神话中，代表春夏秋冬4个季节的神灵都是伏羲的孩子。

经过学者的研究，这份楚帛书成为中国目前最早记录伏羲的文物。在楚帛书《甲篇》里，记载了伏羲、女娲创世的故事，内容和后世流传的传说不谋而合。看来，早在战国时期，人们就已经把伏羲当作一位远古的神灵加以崇拜了。

▲《伏羲女娲图》

到了汉朝，人们对伏羲的崇拜有所变化，今天在许多汉朝建筑和墓葬的画像砖上，都可以看到伏羲的形象，戴冠着襦，双手持华盖，具有变异的神体。在一些文物上，伏羲和女娲双双出现。他们人首蛇身，尾巴缠绕在一起。造型奇特而美丽，对应着始祖造人的传说。

随着时间推移，伏羲的形象也发生着变化，河北新乐伏羲台上的伏羲和女娲已高度生活化。在百姓的心目中，他们应当是一对威严的帝王夫妇，高高在上，接受着人们的崇敬。

但是在学者们看来，伏羲绝不仅仅是远古的传说。在他的背后，隐藏着我们这个民族最早的历史记忆。

李学勤说，伏羲这个传说，至少在战国时期已非常普遍了。一直流传下来，成为中国古代传说的古代史的开端。我们常说的夏、商、周三朝之前，就是五帝时代，一般说5000年文明史，是从炎黄时代算起。可是在炎黄之前，伏羲要更久远些，所以它反映的是中国远古的历史。

东汉班固的《汉书》将上古帝王从皇帝推至伏羲，至此，伏羲才登上官定正史。在传世的古代典籍中，伏羲经历了一个从无到有、从神到帝、对伏羲的记载从零乱到系统的衍化过程。究竟伏羲是否真有其人呢？

20世纪90年代中后期以来，国家夏、商、周断代工程的成功实施，极大地推动了中国早期文明的探源工作，以往遭冷落的五帝研究，包括三皇研究在内，重新被提上日程。现在，研究者已从五帝时代上溯到三皇时代，追寻中华远古文明的足迹。

神话传说和真实历史，从来就是一对孪生兄弟。在人类遥远的远古时期，由于记录手段的缺乏，在没有文字的情况下，历史往往就是用神话和传说的方式口口相传，从这个意义上说，文字和实物记载了历史，而语言和歌谣则演绎着神话。

▲ 大地湾红陶

传说中伏羲诞生的甘肃天水大地湾，曾经发现了中国最早的彩陶，也有距今7800多年前的人类生活遗址，除此之外，大地湾是否能够印证伏羲时代的存在呢？

1978—1984年，考古工作者在大地湾进行了持续的田野发掘，发现了史前先民居住过的房址、储藏物品的窖穴、烧制陶器的窑址以及墓葬等700多处遗迹，出土了近万件陶、石、玉、骨器生产工具及生活用品。这个发现，轰动了中国考古学界。

从考古学角度看，甘肃天水秦安大地湾文化一期这个年代，是属于前仰韶时期文化，这个文化距今8000年左右，接近传说的伏羲文化，因为古代传说的伏羲文化就在那时。

目前，大地湾史前文化遗存划分为4个时期。它的时间最早可上溯到距今7800多年前，最晚的遗存距今大约4800年，时间跨度长达3000年。在早期遗址中，不仅发现了中国最早的彩陶制品，同时还发现了中国最早的种植农作物——黍。说明在7000多年以前，大地湾就出现了原始农业生产。在遗址中，考古队员还发现了大量牛、马、羊、猪的骨头。而这种现象，与伏羲教会人们从事渔猎和畜牧的传说有着某种契合。

大地湾原始村落出土的文物遗存证明，生活在这里的先民们还处在原始社会由渔猎时代向畜牧时代的过渡时期。在众多的彩陶动物花纹中，以鱼纹图案最盛；在数以万计的兽骨标本中，大量出土的是家畜家禽遗骸；房屋建筑类型繁多，井然有序；室内灰坑窑穴数以百计，窑穴中藏有大量粟粒；在各种陶器上刻的记事符号有十多种形状和花纹。这说明当时渔猎生产仍占主导地位，农业生产居于重要地位，畜牧生产已有一席之地，创造文字的活动已经开始。而这些考古发现都和伏羲教民结网捕鱼、狩猎驯畜以及画八卦、创文字的传说恰好吻合。

大地湾的考古发现，鲜明地体现出在长达3000多年的时间里，生活在这里的人们生产力逐渐提高，社会结构逐步发展，由蒙昧走向文明的过程。这与中国典籍中上古系统里伏羲时代的定位是非常接近的。

如果说大地湾的史前人类生活遗迹印证了伏羲时代的真实性，那么河北省新乐市与河南省淮阳市的伏羲传说又该如何解释呢？许永杰说，在新乐伏羲台附近发掘的陶片，为什么也被看作是伏羲时代的遗存呢？甘肃、河北这两个地方即使在今天的人们看来，彼此的距离仍然显得遥远，在生产力十分落后的史前时代，它们之间是如何联系在一起的呢？

答案还要在陶片上找，考古学中有一种研究方法叫作考古类型学，就是将不同地区和不同时期的考古发现，在材质、图案、造型和用途等方面加以比较，从而找到它们之间的内在联系。

今天的研究者，通过对大地湾早期遗址的相关研究和碳-14测定，判定

▲ 仰韶彩陶

半坡遗址：黄河流域一处典型的新石器时代仰韶文化母系氏族聚落遗址，距今5600—6700年前。半坡遗址的发掘，确立了一个新的文化类型，为研究中国黄河流域原始氏族社会的性质、聚落布局、经济发展、文化生活等提供了较完整的资料，对研究中国原始社会历史和仰韶文化的分期具有重要的科学价值。

它最早的年代为距今7800多年。

比大地湾年代略晚的史前文化遗址是仰韶文化，它的发现地点位于河南省三门峡市渑池县的仰韶村。仰韶文化的时间跨度长达2000多年。研究者根据在不同地点发掘出的不同彩陶，把仰韶文化分成了几个不同的时期。

从彩陶上来看，早期的代表是陕西省西安市半坡遗址出土的仰韶文化早期半坡类型彩陶，它的时间为距今5000—7000年前。制陶工艺相当成熟，器物规整精美，多为细泥红陶和夹砂红陶，其装饰也以彩绘为主，在器物上绘有精美的动物彩色花纹。通过对彩陶的图案花纹和器物造型的研究，人们发现半坡彩陶与大地湾彩陶属于同一文化类型，从时间上看，大地湾文化遗存时间较早，半坡略晚。所以学界把大地湾文化称为前仰韶时期，而半坡遗址是仰韶文化的早期类型。

那么许永杰在新乐何家庄发现的陶片又是什么时候的呢？

许永杰说，从考古学上讲，这里的陶片应属于西阴文化。

西阴文化得名于山西省夏县的西阴村遗址，它的发现者是中国现代考古学的开创人李济。1926年，李济带领一支考古队在西阴村进行田野考古发掘，这也是中国学者第一次在完全自主的情况下进行田野考古发掘。在西阴村，李济发现了史前人类生活的遗存，同时也出土了大量的彩陶残片。他推断这是一处属于仰韶文化的史前人类遗迹。这次发掘，捡拾起中华文明一段重要历史，更标志着现代科学考古进入了中国。

1994年，中国的考古工作者再一次来到夏县西阴村，进行了详细的发掘工作。两个半月的发掘工作，共发掘了576平方米，复原了120件完整的陶器。

这个发现让学者们倍受鼓舞，在复原工作完成之后，他们对这些陶器进行了分类研究。

山西省考古研究所研究员田建文介绍，彩陶有彩陶钵、盆和两种瓶子，一种是双唇小口尖底瓶，一种是葫芦口瓶。大量的夹砂罐和泥制罐，还发现了一些陶灶、陶釜。

在西阴村发掘出的彩陶残片上，有一些美丽奇特的花纹，这些花纹大多是三角形勾勒的形状，有点像玫瑰形的花瓣。通过研究，学者总结出了西阴村出土陶器和彩陶的类型特点。考古学家张忠培在这次西阴村考古的基础上，提出了一个新观点，他把西阴村所代表的史前文化类型称为西阴文化。

许永杰认为，西阴文化最有特征的陶器只有两件，一件是重唇口的小口尖底瓶。彩陶是它的另外一个重要特征，就是花卉纹的彩陶和鸟纹的彩陶。

西阴村的发现，让学者们想起了20世纪50年代的一次考古发掘。1956年8月，考古工作者在河南省陕县庙底沟也发现了类似西阴村的史前遗迹。该遗址的第一期遗存也被判定属于仰韶文化，最重要的依据之一就是重唇口小口尖底瓶和花卉纹彩陶盆钵。这与之前已经发现的陕西西安半坡遗址的仰韶文化遗存形成了鲜明对比。半坡遗址的仰韶文化遗存是以杯形口小口尖底瓶和鱼纹彩陶盆钵为特征的。

根据这些发现，人们把仰韶文化分成了不同的时期，早期为陕西西安的半坡类型，中期为庙底沟类型，也就是西阴文化。

至此，依托田野考古的发现积累，如果选择每个遗址最早的时间上限，就会串联起一条清晰有序的历史脉络。距今7800多年前，伏羲时代的原始部落生活在甘肃省天水市一带，对应的史前遗址是大地湾。在距今7000年左右，他们进入今天的陕西省西安市一带，对应的遗址是半坡。随后，伏羲部落的踪迹又出现在河南省三门峡市一带的黄河两岸。对应的遗址就是庙底沟和西阴村，时间为距今5900多年。河北新乐何家庄也属于这个时期。这个时间顺序，也许就是伏羲时代华夏原始部落的历史传承发展脉络。

但是，打开地图我们又会发现，虽然这个顺序在时间上没有问题，在空间的跨越上却有疑点。

从甘肃省天水市大地湾到陕西省西安市的半坡，再到河南省三门峡市一带，考古工作者发现了很多处仰韶文化早期遗址，彼此之间的地理位置都比较接近。但是从河南省的三门峡市到河北省新乐市，路途遥远。在生产力落后的伏羲时代，那些原始部落是如何到达那里的呢？

1982年，由国家文物局、山西省考古研究所和吉林大学组成的晋中考古队，对山西中部地区进行了一次大规模的考古发掘工作。他们来到山西省汾阳市，著名的杏花村汾酒厂就坐落于这里，1982年，考古队员在酒厂的旁边开始了发掘工作。

山西省考古所副所长马升说："我们在汾阳进行了3个多月的考古发掘，发现了从半坡文化直到商朝晚期的大批遗存，包括遗迹、遗物，有许多属于仰韶文化的红陶片。"

汾阳，地处山西中部，距离西阴文化的中心所在的陕西、山西和河南三省交界区域有几百千米。而带有西阴文化特征的陶片，在这里的大量出现，正是向人们揭示了一个重要的信息。

原山西省考古研究所所长王克林认为，在杏花村这个点，跟晋南的西阴文化基本是一个类型，主要特征是以陶器上的玫瑰形花卉纹为主。证明杏花村遗址，跟晋南、河南、豫西遗址是一个时期的。

经过晋中考古队长达1年的发掘，在山西中部汾阳地区的段家庄也发现了属于西阴文化的彩陶，这充分说明当时伏羲文化已经传播到了山西中部地区。

1989年，由吉林大学、山西省考古研究所和忻州地区文物管理处组成的忻州考古队，发掘了山西忻州的游邀遗址。在遗址下部的土层中，也发现了西阴文化陶片。这说明伏羲文化的影响已经到达了山西北部地区。

一系列的考古发现印证了伏羲的传说，而2006年河北新乐何家庄西阴文化陶片的发现，为伏羲研究又提供了新的考古材料。不仅新乐的考古发现距传说中伏羲的出生地甘肃天水文化晚了近2000年，而且传说中伏羲所拥有的发明创造和功绩似乎也不可能仅靠一个人、一代人就可以实现。今天看来，伏羲更像是一个时代的代表，就如同三皇五帝的其他几位一样。

从甘肃天水大地湾出发，经过西安半坡、河南三门峡、山西运城、山西中部汾阳的段家庄和杏花村，再到山西北部的忻州、游邀，最后来到河北新乐，这是一条长达2000多年的人类生活和迁徙路线。

关于伏羲的种种传说，也许正隐含了这一段远古华夏民族繁衍、融合、发展的漫长历史进程。

走进今天的新乐市，伏羲已经成为这座城市的一张名片。何家庄的三月十八庙会也有了新的名称——伏羲文化节。

在距今3000多年前的公元前12世纪中叶，周人的首领古公亶父带着他的族人迁徙到这里开始筑廓营室、繁衍生息，使这里成了周文化的发祥地及灭商之前周人的聚居地。

发现周原

自2000多年前的汉朝开始，这里就陆续有周王朝的青铜器出土。这在我国的史书中有明确的记载。

到了19世纪中叶的清朝道光末年，这里相继出土的青铜器数量越来越多；中华人民共和国成立后，几次大规模的考古发掘终使真相大白于天下。使人们得以从实物上去印证史书上的记载，去了解中华文明古老悠久的传承。

▲ 周原遗址位置示意图

古公亶父：即周太王，周族领袖，相传是后稷的第12世孙。周族从公刘起，迁居豳，因戎狄多次侵扰，他率族迁到岐下的周原。迁徙前，周原田地肥美，适宜开垦，周人在这里筑城邑，建房屋，设宗庙，发展农业生产，奠定了周室强盛的基础。

采邑：古代国君封赐给卿大夫作为世禄的田邑（包括土地上的农民），盛行于周朝，也叫采地、封地、食邑。采邑为世袭，由嫡长子继承。受到这种赏赐的人必须效忠君主，承担进贡和在战时提供兵员的义务，并对采邑中的百姓有管辖权，并课征租税。

铭文：古人在青铜礼器上加铸铭文，用以记录铸造该器的缘由、所纪念或祭祀的人物等，又称金文、钟鼎文，与甲骨文同为中国的一种古老文字。它不单单是判断青铜器年代最重要的标准，更是器物形制及纹饰方面的标准。从史料学的角度来看，青铜器的铭文因为具有极其丰富且确凿可信的史料价值，而显得十分珍贵。青铜器铭文也是中国初期书籍形式之一。

周原，是一个在当今地图上并不存在的地名，但对于考古学家来讲，它指的是距离陕西省西安市不到200千米的现扶风县和岐山县之间的20多个自然村落。考古界称其为周原遗址。史籍记载，周人自3000余年前古公亶父迁徙周原到周文王晚年迁居丰地，此处一直是早周都邑。周武王灭商后，将周原分封给周、召二公作采邑。由于是宗庙所在地，周王和诸侯大臣经常来此进行祭祀和议决国事。直到戎人入侵、周平王东迁洛邑，这里毁于战火，终被废弃。

时光荏苒，日月穿梭。到了千余年后的汉朝，确切地说是从公元前58年始，这片土地上就开始有周王朝的青铜器陆续出土；近百年来，出土的数量、品种日益增多。

一件于19世纪出土、现存于中国台北故宫博物院的名叫毛公鼎的青铜器，内铸有497字铭文，是中国目前所有出土的青铜器中铭文最多的一件。铭文的大意是：大臣毛公为了赞颂周天子的美德而铸了这件鼎。

1890年，一个叫任致远的农民在任家村村南的土壕里挖出了一个青铜器窖藏，出土青铜器达120多件。

1940年，还是在任家村，非常巧合的是由任致远的孙子又发现了一个青铜器窖藏。

……

遗憾的是，在这些出土文物中现只有一小部分收藏在中国，其大部分都已流失海外或者下落不明。

一、全面发掘，重现周原

中华人民共和国成立后，中科院、陕西省及几大著名院校的考古工作者、专家学者多次对周原遗址进行了全面系统的考古发掘，从而将周原3000余年前的古老文明再现于世人面前。

据勘查，西周大型建筑基址广泛分布，除有两座周城遗址外，还有大量的制骨作坊、制陶作坊及墓葬群。其中一座周城遗址南北长1300米，东西宽500～600米；另一座四方周城，长宽均为700米左右。

▲ 发现周原窖藏青铜器

▲ 云塘村考古现场

二、建筑基址发掘

在周原发掘出了大量的建筑基址，以在凤雏村发掘出的为例：该建筑基址可分为2组。甲组南北长45.2米，东西宽32.5米，面积1469平方米。坐北朝南，是一座由庭、堂、屋、塾、厢、房、过廊、回廊组成的高台建筑。建筑分前后两院，并附设排水设施。墙用黄土夯筑而成，一般厚0.58～0.75米。墙表与屋内地面均抹有以细砂、白灰、黄土混合而成的"三合土"。墙皮厚0.1厘米，表面坚硬，光滑平整。从基址上的堆积物推测，屋顶结构可能是采用立柱和横梁组成的框架，在横梁上承檩列椽，然后以芦苇覆盖，再抹上多层草秸泥形成屋面，厚7～8厘米，屋脊及天沟用瓦覆盖。基址中出土有甲骨、铜渣、陶鬲、罐、盆、尊、瓮、釉陶豆等遗物；乙组基址位于甲组西侧，二者相距11米左右。东西长20米左右，南北宽12.7米，坐北朝南。墙内发现有柱础石，建造结构与甲组相同。

较具代表性的还有在召陈村发掘出的建筑基址，现已发掘出15座。该基址的布局不按中轴对称，总体规划不甚严谨。其中规模较大、保存较好的是3号、5号和8号。3号基址也是一座夯土高台建筑，台基高出当时地面0.7米左右，东西长22米，南北宽14米。东西有7排柱础，南北纵列5、6个柱础。此外遗址中还出土了大量的瓦，种类分为板瓦、筒瓦和瓦当3种。板瓦和筒瓦又分为大、中、小三型。板瓦的正面饰细绳纹，筒瓦的正面饰三角纹

▲ 周原刖人守门鼎

▲ 周原出土的青铜器

▲ 发现周原装饰

和回纹。有些板瓦和筒瓦正面和背面带有固定位置的瓦钉或瓦环 1、2 个。瓦当均呈半圆形，分素面和花纹两种，花纹一般为菊花纹和回纹。

现对这两处建筑基址的年代和性质，专家们在认识上还不完全一致。一种意见认为它应始建于周初，毁于犬戎战火，是周人的宗庙或宫殿建筑；另一种意见认为它们建于西周中晚期，很可能是当时贵族的住宅。

三、墓葬发掘

周原墓葬分布范围较广，现已发掘数百座，一般都是中小型土坑竖穴墓，少数为洞室墓，年代早晚不一。但大型墓葬多分布在遗址边缘的山中。随葬陶器有鬲、罐、豆、簋、壶、瓿、瓮等；铜器有鼎、簋、爵、觯、壶、豆、戈、矛、车马饰及大铜泡等。

四、甲骨出土

▲ 发现周原甲骨文

周原遗址中出土了大量的甲骨。如 20 世纪 70 年代末在对凤雏村遗址、齐家村遗址的发掘中就出土了 1.75 万多片甲骨。其中绝大多数是龟腹甲，牛肩胛骨只有 300 余片。有字甲骨近 300 片，总字数 600 多个，有不同的单字 360

多个，其中最多的一片甲骨上刻有30个字，最少的仅1个字。这批甲骨刻辞内容主要是卜祭、卜告、卜年、卜出入、卜田猎、卜征伐和杂卜等。其中有记述殷周关系的，也有记录周人与方国关系以及周初重臣人名、地名和月相等。

五、青铜器窖藏

自汉以来这里西周的铜器窖藏被发现30多起，出土铜器达千件以上，如著名的盂鼎、毛公鼎、大克鼎等均出土于此。自20世纪60年代以来，这里又相继发现了几批铜器窖藏。这些铜器铭文内容涉及奴隶赏赐、土地交换、征伐夷方、册命赏赐、诉讼判决等，年代多属西周中晚期。

▲ 1940年任家村出土的青铜器梁其鼎

▲ 1890年任家村出土的青铜器克鼎

▲ 19世纪出土于周原的青铜器毛公鼎

六、惊喜不断，轶事连连

随着发掘的深入，一些堪称国之瑰宝的青铜器相继出土，令考古工作者们惊喜不断。如：1976 年 12 月 15 日在庄白村发现的一个青铜器窖藏中，出土了大批的酒器。其中有酷似今天喝白酒用的小酒盅的铜爵，有像喝红酒用的高脚杯的铜觯，而最为珍贵的是一件造型奇妙、酷似一只绵羊的青铜器折觥，它被权威机构鉴定为国宝级文物。但最令考古专家们惊喜的是，这些青铜器上的铭文涉及自周王朝建立以后 300 多年的历史。

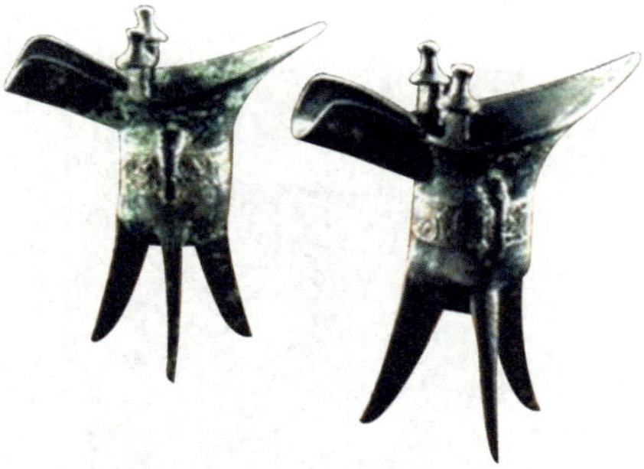

▲ 铜爵，古人用来喝酒的器皿

▲ 铜觯也是用来喝酒的器皿

▲ 在出土的两只壶内装满了清澈的液体

▲ 墙盘是该批出土青铜器中铭文最长的

又如出土的一件叫“盘”的青铜器，是周王朝的国王和贵族们在祭祀礼仪上净手时接水用的器皿。在这只“盘”上，不仅存有其拥有者微氏家族叫“墙”的这一代人的标记，还有长达284字的铭文。铭文共分两段，前一段颂扬了周王朝的七代国王，尤其是最早的周文王和周武王；后一段则主要讲述了自己的家族史。它为研究西周社会制度提供了重要史料，大大推进了西周铜器的断代研究。

再如1978年5月5日，有“簋王”之称的害夫簋在周原出土了。这件青铜器不仅形体硕大、造型精美，珍贵的是在器底铸有124字的铭文，记载了周王朝的第11位国王周厉王祭祀祖先的祝词。害夫簋是目前所知的极少数的周朝王器之一。

▲ 无盖青铜簋

▲ 1983年齐家村出土的青铜器中出现了3个多出来的簋盖子

这样的例子还有很多，令考古专家们惊喜不已。在发掘过程中还有一桩“破镜重圆”的轶事，更是被人们传为美谈。

1961年，齐家村的农民在种田时挖出了3件形制完全相同的青铜器叫簋。专家们根据以往的经验，周朝青铜簋都应该有盖子，但这3件簋却始终都没有找到盖子。于是，只能从器底的铭文上知道该器制人的名字叫周我父。随后，它们被陕西省历史博物馆收藏。

谁知到了1983年春，在另一个青铜器窖藏里不仅出土了4件带盖的完整的方座簋，而且还多出来3件簋的盖子，盖子上也有关于周我父的铭文。这令一位曾参加1961年“周我父簋”发掘工作的老考古工作者兴奋不已。这位考古工作者背着这3件簋盖远赴西安到陕西省博物馆一对照，盖子不大不小正好合适。这样，3000多年前东西分离的簋和它的盖子终于“破镜重圆”了。

七、印证史籍，再现周礼

克己复礼：出自《论语·颜渊》，儒家指约束自己，使每件事都归于“礼”。克己复礼是孔子早年对“仁”的定义，这是孔子学说的一个重要概念，是达到仁的最高境界的方法。历代学者都认为，这是孔门传授的“切要之言”，是一种紧要的、切实的修养方法。

人们知道，当年孔圣人极力推崇的“克己复礼”因生不逢时没有实现，而这里的“礼”指的就是周礼。周礼等级森严、繁细缜密，而当今考古界只能根据史料中有限的记载来管中窥豹了。但周原的发现，尤其是一大批附有铭文的文物的出土，不仅使人们了解了它们所具有的实用功能，同时还涉及了周王朝各种不同的礼仪。

周原的出土青铜器中不仅有祭祀用的礼器、成套的乐器，还有大批实际

▲ 编钟

▲ 周瓦

生活中使用的盛器等。如史书中记载的周朝的礼仪规定：天子（用餐）享用九鼎和八簋；诸侯享用七鼎六簋；大夫一级的大臣用五鼎四簋；三鼎二簋是上士的等级；下士则只能用最低的一鼎一簋。这里鼎是用来盛放肉食的，其下面可以生火加热；簋是用来盛放黍（黄米）等主食用的。

然而在周原的一座窖藏中虽出土了完全相同的8只簋，但相配使用的鼎却没有出现。对此专家认为：从以往周原贵族墓葬出土鼎和簋的配置情况分析，再结合这8只簋的形制来看，它们应该是五鼎四簋的二套，从而证明这些青铜器的主人应该属于大夫级别的高级贵族。再从前面提到的害夫簋及在同一窖藏中出土的一件叫盂的青铜器来看，它们都属于王器。这足以证明周原是当时周人的社会政治、经济、文化中心。

▲ 梁其鼎与梁其壶

▲ 梁其壶局部特写

此外，从窖藏出土的青铜器形制与窖藏周边遗址来看，发觉后建筑遗址的形制与当时所有者的身份地位也是相吻合的。如前面说到的凤雏村遗址属于周人的宗庙建筑，而它的出土文物的形制也正好证明了这一点；此外经碳-14 测定，该遗址大约是距今 3100 年前建造的，而从它复原后的景象表明，中国清朝的皇宫紫禁城及其周边的胡同、民居四合院等，在建筑格局上与 3000 多年前周朝的宗庙建筑没有多大差别。这也再次印证了中华文明持续、悠久的历史传承。

现今，新的考古发掘依然在进行之中，人们仍执着期待着有新的发现来解开消失于历史长河中的秘密。

19世纪末，河南省安阳市西北小屯村的农民，把在农田中挖掘出来的龟甲和牛肩胛骨作为“龙骨”出售给中药铺，被尘封在地下3000多年的王朝从此“唤醒”。此后在小屯村近80年的考古发现，陆续向人们展示了瑰丽的宝藏和宝藏背后的传奇故事。

殷墟宝藏

公元前1300年，在今天河南省安阳市的地面上出现了一支浩浩荡荡的迁徙队伍。这支队伍最后在太行山下洹河流域停留下来，在这里孕育了一个王朝——商，这个王朝的国王盘庚定国都于殷，就是今天的安阳。后来人们就把这里称为殷墟，意思是商朝国都殷的废墟。

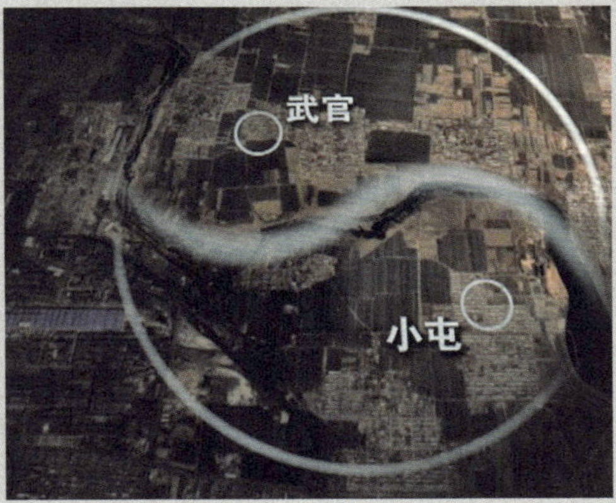

在这张卫星绘测的图纸上，一条弯曲河流的上弯道是殷墟的王陵遗址——武官；下弯道是殷墟的宫殿宗庙遗址——小屯；陵寝为阴，宫殿为阳，巧妙地形成了一幅阴阳太极图 ▶

▲ 深埋地下 3000 多年的文物向人们讲述曾经发生在这里的故事

殷墟遗址位于安阳市西面洹河冲积的平原上。2005 年，国家投资 1600 万元在这片古老的土地上，建造了殷墟博物馆。这座展示华夏历史文化瑰宝的艺术殿堂，通过发掘出的宝藏为人们讲述盘庚迁殷、武丁中兴、傅说拜相、武王伐纣等故事，生动地展现了 3000 多年前殷商时期的历史场景，让人们感受到博大精深的殷商文化的内涵和神秘。

殷墟：商朝后期都城遗址，位于中国河南省安阳市殷都区小屯村，与殷墟宫殿宗庙遗址、洹北商城遗址等共同组成了规模宏大、气势恢宏的殷墟遗址。商朝在此建都达 273 年，是商朝后期的政治、经济、文化、军事中心。殷墟是中国历史上第一个文献可考、并为考古学和甲骨文所证实的都城遗址。殷墟的发现和发掘被列为 20 世纪中国“100 项重大考古发现”之首。

盘庚：商朝第 20 位国王，也是一位很有作为的国王。他为了改变当时社会不安定的局面，将都城搬迁到殷，在那里整顿商朝的政治。他还提倡节俭，改良风气，减轻剥削，终于安定了局面，使衰落的商朝出现了复兴的改变，商王朝从此中兴。

一、殷墟展示中华文明的进程

商朝第 20 位国王盘庚在殷建都，此后 200 多年，商民们再也没有离开过这片土地，他们在这片广袤的土地上孕育了不朽的中华文明。

在殷墟一个叫孝闵屯的村子里，发现了殷商子民的遗骨，考古学家为一位先民起名叫“子商”。据考证“子”是商民的一个大姓。在子商生活的地方，有用木头和茅草建造的类似北京四合院的房屋，和现代建筑不同的是，子商的房子以柱子为主要结构，四周用夯土建造墙体。房屋中有很多和我们现代生活用具很相似的生活器皿。

▲ 博物馆通过这些复原的建筑和器物为我们勾勒出了商朝平民的生活

二、甲骨文是殷商文明最重要的内容

文字是文明传承的印记。甲骨文是世界四大古文字之一，其他 3 种文字分别是古印度文、古埃及文和古巴比伦文，它们都随着历史的推移已经从地球上消失了，唯有甲骨文经过 3000 多年的发展，演变成今日的汉字，至今仍为中国人所使用，显示出其独特的魅力和旺盛的生命力。

百余年间，殷墟共出土甲骨文 15 万片，共计 150 多万字。学者们统计，甲骨文共有单字 4500 余字，可解读 1500 多字，仍有 3000 字含义不明。在殷墟博物馆展出的甲骨文保存得最好，刻写甲骨文的龟甲和兽骨保存完整的占 60%以上，而且片都很大，有的尺寸能达到 30 ～ 40 厘米长，上面记载的内容丰富、详细。

在《诗经·商颂·玄鸟》中有："天命玄鸟，降而生商"的记录，说的是一个叫简狄的女子因为吞下玄鸟的卵而生下商的始祖契的传说，描述了商的起源。在殷墟出土的甲骨文中也多次发现在商朝最受敬重的一个先王的名字——高主王亥，在他名字的右上角刻着一只玄鸟图案。玄鸟是殷商民族的图腾标志，故殷人使用的器物上鸟纹随处可见。

甲骨文中记载着祭祀是商朝人日常生活一个非常重要的组成部分。商民有浓厚的祖先崇拜文化，他们认为人死后是有权力的。一个死去的人还会对

▲ 甲骨坑里数量巨多的甲骨文记载着殷商关于国家、政治、思想、文化的丰富内容

▲ 玄鸟被视为殷人祖先

▲ 商王武丁妻妇好墓中的随葬玉器

▲ 这种对祖先的至高崇拜是我们现代人难以理解的

▲ 贞人用这些裂纹的走向来确定祖先或神灵给予的答案

活着的人有伤害，所以要祭祀祖先和已经死去的人。商民用杀人、杀俘虏、杀动物的方式进行祭祀，求得祖先的庇护、保佑。殷墟的王陵区和宫庙区有很多商王祭祀祖先的祭祀坑，集中、有规律地埋葬着人或者动物的遗骨。经鉴定被用于祭祀的人中大多数是青壮年，还有一部分女性和儿童，大部分都是被砍杀而死。1976 年发掘清理的 191 座祭祀坑中，就发现了 1178 具人骨。商王为了表示对祖先的敬重之情，甚至一次祭祀就会杀掉上百个奴隶。

甲骨是一种占卜的器具。商民十分敬重自己的祖先与神灵，他们遇上所有的大小问题都要向祖先与神灵询问。占卜仪式庄严神秘，主持这种仪式的人叫贞人。贞人将商王所遇到的问题刻在龟甲上，然后丢进熊熊的大火中焚烧，直至龟甲被大火烧裂。

甲骨文是一种占卜记录，分很多不同的类，包括战争、田猎、祭祀等。除此之外，他们也祭祀风、水、山、太阳、上帝，祭祀内容丰富。甲骨文中发现了“十”字，这个字在甲骨文里读作“甲”，甲字也常出现在商民甚至商王的名字中。考古学家认为“十”字也许还有更深远的含义，可能与他们朦胧的世界观有联系，或许商朝人认为世界是方的，东南西北住着各类神，自己住在世界的中心。甲骨文给了现在的人们关于商朝灵魂观念的很多信息。

甲骨文以及它所记述的商王朝，还有太多的秘密不为人所知。

▲ 甲骨文中的“十”字

▲ 商朝人与神灵沟通的龟甲形状也呈现一个“十”字

▲ 巧合的是俯瞰殷商王陵的墓室也正是一个个“十”字

三、青铜器占有浓重的笔墨

▲ 最具代表性的是“司母戊鼎”

殷商时期的青铜器跟世界其他地方的青铜文化相比，其特点是更强调青铜容器，就是礼器。殷墟出土的各种青铜器，制作精美，纹饰细腻，是不可多得的艺术珍品。司母戊方鼎重达 800 多千克，是世界上最重的青铜器，其冶炼技术高超纯熟，在当时全世界范围内为最高水平，展示了我国商朝高度发达的冶炼技术，现在是国家博物馆的镇馆之宝。

甗：先秦时期的蒸食用具，可分为两部分，下半部是鬲，用于煮水，上半部是甑，两者之间有镂空的箅，用来放置食物，可通蒸汽，流行于商至汉朝。除实用外，西周末春秋初期，甗还是一种礼器，与鼎、簋、豆、壶、盘等组成成套随葬品。

令人惊讶的是，3000 多年前的商民就已经知道了青铜器的合金成分，工匠们通过铜、铅、锡的配比，铸造不同用途的青铜制品。青铜兵器自然是殷商王朝为了巩固和扩张国家的势力进行战争时的主要武器。商王打了胜仗，命令将敌人

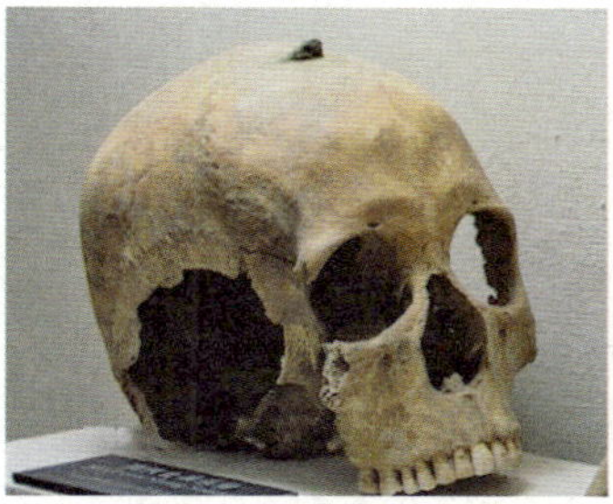

◀ 残留在士兵头骨上的断戈，足以证明它的锐利

这只铜甗出土时还盛着被蒸煮的头颅 ▶

首领的头颅扔进铜甗祭祀天神，以祈祷自己的王国更加强大。人们在领略殷商青铜器制造技术高超的同时，也感受到当时战场上的血腥与残酷。

青铜器还是商朝王族权利、财富、地位的象征，在殷墟王陵遗址出土了很多成组的青铜器陪葬品，器具搭配方式和数量可以说明墓主人生前社会地位的高低。

▲ 富丽堂皇的青铜器具显示着主人的身份

青铜器的原料交易是殷商时期最大的贸易。根据地质学家考证，安阳并没有大量的铜矿以及锡、铅矿产资源。武丁时期，殷是一个国际化的都城，安定繁荣，与其附属国有很频繁的贸易往来。青铜器的原料有很多来源，主渠道是长江中下游地区。由于商民善于经商，后世将经商的人称为“商人”。

◀ 1976年，从妇好墓出土的一些以新疆和田玉、辽宁岫玉为原料的配饰，都是繁盛贸易的痕迹

正是广泛极盛的对外交流，促使了商朝不断强大，成就了历史上“武丁中兴”的盛世景象。

四、殷墟是世界文化遗产

在《史记》中记载了殷商最后一个王朝的离奇和邪恶：这个国家有上千个附属国，宫殿中驯养着无数珍禽异兽；国中每夜都有舞会，为了款待贵族，宫廷内修筑了灌满美酒的池塘，在树上挂满用来烧烤的野兽的鲜肉；国王信奉鬼神，凡遇大事必要占卜求助于祖先；为了表示对祖先的感激之情，一次还会杀掉上百个奴隶祭祀……这正是商王朝富足鼎盛以及走向衰亡原因的真实写照。《封神演义》讲述了商纣王被周武王灭国的故事。

商民创造了辉煌的殷商文明，沧海桑田却将它深埋地下与我们相隔了3000余年之久。中国一代代的考古学家用他们毕生的精力向我们展示了厚重的殷商王朝历史，拉近了我们与商民之间的距离，让我们能真实地触摸商朝，认识商朝。

▲ 子商仿佛向着苍穹高喊：“我告诉你们！”

当人们走进殷墟博物馆，会觉得商朝很近，既看到了商朝的繁荣，又会思考这么繁荣的一个社会最后怎么就衰落了？殷墟博物馆帮助人们把过去和现在联系起来，思考当今社会的发展。

殷墟作为中国最早的有文献记载、并为甲骨文及考古发掘所证实的古代都城遗址，其重要的历史、科学、艺术和文化价值，蜚声中外而又影响深远，是人类文明史上不可或缺、辉煌壮美、璀璨绚丽的一页。殷墟在人类文明史上占有重要的地位。这座深埋地下的博物馆，已经在立陶宛首都威尔纽斯召开的联合国教科文组织第30届世界遗产委员会会议上申报世界文化遗产获得成功。今后对殷墟的进一步考古研究，会让我们更多地了解曾发生在这片土地上的故事。

在离拉萨市区100多千米的地方，有一个叫作吞巴的村庄。一些外地游客被这个宁静而美丽的小山村所吸引，经常前来寻访古朴而神秘的藏式民居。

尘封的宝藏

2005年5月的一天，天刚黑，40多岁的扎西正在吆喝着牛羊进圈，一个陌生的康巴人向他走来。扎西看这个人不像游客，正感到奇怪，那人走到他面前，开口说的第一句话就是要出很高的价钱买扎西家那幢破旧的老房子。这让扎西吓了一大跳。

一、尘封的宝藏

这几年，常有一些文物贩子带着成捆的钱来到吞巴村，四处打听谁家有古老的东西。扎西和他的妻子白宗带着两个孩子住在一间破旧的木板房里，旁边一幢简陋破旧的老房子里堆着一些粮食。这个陌生的康巴人竟看上了扎西的老房子。

扎西心突突地跳，一下不知说什么好。见扎西默不作声，康巴人又说了一句令扎西更吃惊的话："只要把老房子卖给我，你要多少钱都行。"

康巴人这么想买老房子，难道他是冲着老房子里的秘密来的？慌乱中，扎西本能地拒绝了康巴人的慷慨。康巴人并没有转身离开，反而提出要到扎西家里坐坐。

远来都是客，扎西只好请康巴人到家里喝一杯酥油茶。快到晚饭时间了，扎西的妻子在灶台前忙碌着，两个玩累了的孩子趴在氆氇上等待开饭。康巴人微微一笑，从口袋里掏出一沓钞票，说一定要以高价收购老房子，决不会亏待扎西。从没见过这么多钱的扎西惊呆了，脑子里嗡嗡地响成一片，康巴人接下来说了些什么，他一句也没听明白。稀里糊涂地送走康巴人，扎西慢慢缓过神来和妻子商议。

▲ 昏暗的灯光下一家四口所有的家当一目了然——扎西家的生活很窘迫

扎西和白宗猜测，能拿得出这么一大笔钱的康巴人，很可能是文物贩子。他出的价钱实在诱人，白宗有点动心了，家里不但房屋已经很破旧，而且日常生活也很拮据了。这笔钱可以让一家人住上新房子，过上富裕生活。可是，要把老房子卖了，里面的秘密还能保住吗？去世的老奶奶在天之灵会不会动怒？

康巴人： 习惯上，藏区按方言划分可以分成卫藏、康巴、安多三个部分，康巴藏区位于横断山区的大山大河夹峙之中，具体说来，也就是四川的甘孜、阿坝两个藏族自治州、西藏的昌都地区、青海的玉树地区以及云南的迪庆地区。康巴人大都身材魁梧，最显著的特征就是头上缠着一大把红色或者黑色的丝线。历史上有“治藏必先安康”的古训。

氆氇： 藏族人民手工生产的一种毛织品，也叫藏毛呢，以西宁羊毛为原料，经纺纱、染色、织造、整理等工序制成。曾是西藏主要贡品，以扎朗、浪卡子、江孜、芒康等地产的最为著名。可以做衣服、床毯等，举行仪礼时也可以作为礼物赠送他人。

二、破旧老房里的秘密

老奶奶曾执意要拿出家里所有的积蓄和牛羊来买村里这幢属于集体财产、里面存放着一些破烂农具的老房子。扎西实在不明白，这幢又小又脏、墙壁糊满泥土的平房，凭什么值那么多钱？当时家里非常穷，没有足够的钱，老奶奶不得不向村里求情，扎西为此差点跟老奶奶吵起来。

老奶奶很小的时候就去寺庙出家，还俗后收养了孤女白宗做孙女，含辛茹苦把她养大，后来又让她嫁给了家境并不富裕的扎西。扎西和白宗牢记着老奶奶的恩情，都觉得不能忤逆老奶奶的心愿。尽管很不情愿，夫妻俩还是顺从了老奶奶的意思，把家里的牛羊及一些木材都卖了，终于凑够了钱买下了这幢老房子。

就在买下老房子的当晚，老奶奶悄悄把扎西和白宗叫到老房子里，告诉了他们一个惊人的秘密：这老房子里有壁画。扎西和白宗惊奇地睁大了眼睛，可残破的墙壁上什么也看不出来。老奶奶告诉他们，壁画就在墙上那层厚厚的泥土下面。扎西和白宗用水洗去墙上的泥土，清水所到之处，肮脏的墙壁上就浮现出一片绚丽的色彩，壁画慢慢显现出来。扎西和白宗简直不敢相信自已的眼睛，他们没想到，老奶奶执意要买下的这幢破旧的老房子里，居然隐藏着这么精美的壁画。

▲ 壁画上的人物仿佛一下从尘封多年的泥土中活了过来，栩栩如生

▲ 老房子四壁都是精美的壁画

老奶奶怎么会知道老房子里有壁画？这些壁画又是怎么来的？它们到底有多么珍贵？对这一连串的问题，老奶奶什么也没说。在老奶奶的坚持下，

扎西和白宗把老房子的壁画重新刷上了一层泥，门上也加了一把锁，怕别人觉得奇怪，又在里面堆了一些粮食。一家三口仍旧住在老房子旁一间简陋的木板房里，再也没跟外人提起此事。老房子里的秘密，就这样被悄悄地继续封锁起来。

山村里的日子，像阿妈们手中的羊毛纺锤，转一转就过去了十几年。老奶奶去世了，临走时仍旧没有吐露半句有关老房子的秘密，只是一再叮嘱扎西和白宗：一定要守着老房子，保护好那些壁画，这是先辈留下的。

守着这么一件说不清道不明的秘密过日子，实在不是个滋味。村子里到处转悠的游客和文物商贩越来越多，扎西和白宗白天黑夜都得对老房子留个心眼。

三、宝藏被窥伺

两个孩子渐渐长大，家里的负担越来越重。看到村里有些人家手头紧时，便把家里祖传的藏柜、藏床卖给文物贩子换了一大笔钱，扎西心里也纠结过。

第二天傍晚，那个康巴人又来到扎西家，直截了当地说要看一下老房子里的壁画。扎西心里猛地一震：他果然是冲着这个秘密来的。给不给他看，扎西犹豫了很久，最终鬼使神差地答应了对方。在清水擦洗下一幅幅精美的壁画在微弱的油灯下，显露出神秘的面容，康巴人贪婪的目光久久地停留在壁画上。康巴人提出，可以把房子留下，只拿走壁画。

康巴人的提议让扎西不由心里一动：只拿走壁画，村里的人谁也不会知道这件事。当扎西的手刚伸向康巴人掏出的那一大沓子钱，突然间他的手像被火烧了似的猛地收了回来。其实，扎西自己也不太清楚老房子里的这个秘密到底有多大价值，现在看到康巴人一再出重金收购，反而让他顾虑起来，他觉得对方不是很懂文物，老房子卖给他会被怎么处理？再多的钱也会一天天地花光，可先辈留下来的壁画就永远没有了。扎西想：我不能把这些壁画卖掉！康巴人遭到扎西的再次拒绝仍然不想放弃，他告诉扎西，自己还会再来。

四、宝藏的价值

扎西后悔不迭：老奶奶临走前一再叮嘱要保护好壁画，自己怎么竟让文物贩子看到这些珍贵的壁画了呢？如今康巴人肯定不会轻易放手，壁画的秘密看来再也保不住了。

就在扎西又急又悔时，一位老人突然推开了老房子的门。老人叫次单江措，按辈分扎西该叫他爷爷。扎西记得当年老奶奶买老房子时，村里有好几户人家也争着要买，江措爷爷当时争得最凶。

按江措的说法："这房子本应归我的，可是老姐姐的脾气不好，我也不敢和她争。"虽然江措最后很不情愿地让老奶奶买下了老房子，但他随即做出了一件让全村人感到更加震惊的事。他拿出家里的全部积蓄五六万元，打算建一座寺庙。

那时江措有 7 个子女，全家 9 口人挤住在两间小房子里。30 多岁的大儿子因为没有房子，一直找不到媳妇。眼看父亲要把家里所有的钱都拿去建寺庙，儿女们都非常反对，他们希望父亲先给家里建一幢大一点的房子。江措不顾全家人的反对，把寺庙建了起来。从此，他在扎西这些晚辈的村民中，落下了一个"古怪"的名声。

扎西为江措爷爷的突然到访惊讶万分：难道这位古怪的老人始终在暗中关注着当初没有买到手的老房子？江措爷爷已经知道了康巴人来买老房子的事了？他是否清楚老房子里的秘密？就在这时，江措爷爷颤颤巍巍地走向墙上的壁画，他仿佛见到久违多年的老友一般，一瞬间老泪纵横。

▲ 他就是藏文的发明人吞弥·桑布扎

时间仿佛过去了一个轮回，江措爷爷痴迷的目光终于从壁画上收了回来，他指着其中的一幅壁画告诉扎西：老房子的秘密和画像上的这个人有着莫大的关系。

这位1300多年前松赞干布的大臣，作为藏文字的创制者，千百年来在藏民中享有很高的声誉。江措爷爷说，当年吞弥·桑布扎回到故乡，从一座很高的山上往下看，发现这里水草丰美，是个很好的地方，于是在此住下。扎西家这幢破旧的老房子，就是“藏文之父”吞弥·桑布扎住过的地方。这让吞巴的村民们感到非常骄傲，同时更觉得应该保留这份珍贵的历史和文化。1000多年前，吞巴村的村民们就把吞弥·桑布扎住过的房子改造成寺庙，供奉起吞弥·桑布扎的塑像，又在墙壁上绘下精美的壁画，颂扬吞弥·桑布扎传奇的一生。

吞弥·桑布扎：藏文的创造者，松赞干布时七贤臣之一。遵照松赞干布的意愿，他以梵文50个根本字母为楷模，结合藏语言特点，创制了藏文30个根本字母；又从梵文的16个元音中造出4个藏文元音字母。他还编撰了《文法根本三十颂》，使藏民族第一次有了专属本民族的文字，藏族历史也从此进入了一个文明的崭新阶段。

▲ 吞弥·桑布扎居所图

▲ 扎西家的老房子

几十年前，扎西和白宗还没出生的时候，老房子遭到了严重破坏。精美的壁画被砸得坑坑洼洼，其他的文物也被一扫而光。这让老奶奶和江措爷爷以及吞巴村老一辈村民感到无比痛心，决定把这段古老的历史掩埋起来。他们把壁画用泥土糊上，几十年里老人们都绝口不提吞弥·桑布扎的名字，他们默默地用自己的方式，尽可能地把那些和吞弥·桑布扎有关的文物保护下来。当年老奶奶耗尽家财买下老房子，江措不惜重金修建寺庙，正是出于这同一个心愿。

◀ 江措老人说，自家的房子可以慢慢盖，先辈留下的历史和文化要保存住，让大家都知道这里是藏文发明人居住的地方

江措老人仿照当年的样子新修建的寺庙 ▶

五、尘封的宝藏重见光明

听了江措爷爷的这番话，扎西惊出了一身冷汗，自家的老房子竟和声名显赫的“藏文之父”有着这么特殊的关系！自己险些就把这么珍贵的宝藏给卖了！为防止康巴人再来纠缠，扎西和白宗决定向乡政府报告。

▲ 扎西和白宗认为，这个房子不是他们的，是有历史的，江措爷爷最大的愿望，就是希望国家能帮助保护它

老房子一下热闹了起来，乡里、县里的领导和文物专家们挤了满满一屋，老老少少的村民们也都跑了过来。大伙儿端来清水，一齐动手，开始擦拭起尘封多年的墙壁。随着清水不断地泼洗，壁画中的人物像一位位刚刚沐浴过的仙子，舒展着美妙的身姿，仿佛要把尘封多年的美，在这一刻尽情地绽放。

▲ 一幅又一幅精美绝伦的壁画浮现了出来

文物专家现场鉴定称，老房子里的这些壁画是在不同的年代，一层又一层地画上去的。这些壁画在乡里和县里都是年代最久远的文物，至少距现在1300多年，其中最古老的一些壁画，甚至可以追溯到吞弥·桑布扎所生活的8世纪。这些历经千年的壁画，无疑是研究吞弥·桑布扎这位藏民族文化名人的重要文物。若真的能考证出这幢老房子确确实实是吞弥·桑布扎居住的，那各方面的价值将会更高。在场的县、乡领导当即表示一定要好好保护这些壁画，让更多的人了解藏文之父吞弥·桑布扎的故事，让藏民族的历史和文化代代相传。

▲ 尘封多年的宝藏，终于得以重见光明，吞巴村的村民笑逐颜开地将老房子重新布置起来

在中国陕西省北部的大山之中，流传着这样一个传说。据说在那一带的山脊之上，有一条历史久远的古老道路。这条道路并排能跑10架马车，逢山劈山、遇谷填谷，纵穿陕北黄土高原，像一支笔直的利箭，直达北方大漠。

建于2000多年前的高速公路

在2000多年的时间里，这条道路上车粼粼，马啸啸，传说铁甲骑兵仅用3天时间就能从秦的都城咸阳赶到北方的阴山脚下。而它的修建者就是千古一帝秦始皇。当年这条700多千米长的公路曾经与长城相提并论，而它的工程量也绝不亚于长城。对于这条可谓中国最早的古代高速公路，《史记》的作者司马迁留下了这样的描述——“堑山湮谷，直通之”。

▲《史记》中关于“堑山堙谷，直通之”的记载

然而，最近有学者在研究司马迁的《史记》时却发现，这位史学家在记述了这样一条伟大道路的同时，却用了三个字——“道未就”。这三个字所隐含的可能性让人震惊。难道这条道路没有修完？也或许这条直道根本就

▲《史记》中一句“道未就”令后人对秦直道的存在产生了疑问

▲ 从泥质细腻程度和造型上可以确定从直道沿途出土的秦砖是皇家专用之物

没有存在过？为了寻求答案，课题组成员沿着历史学家提供的点滴线索，试图在黄土高原上寻找那条2000多年前的古代高速公路。

一、秦直道为什么不是从都城咸阳出发

按照司马迁的记载，秦直道是北方最重要的一条交通要道。它以九原（秦最北部的一个郡，今内蒙古自治区境内）为终点，出发点则是一个叫作甘泉的地方。据史料记载，甘泉指的是甘泉宫。也就是说，当年秦直道并不是从秦国都城咸阳出发，而是从咸阳北边的甘泉宫踏上北去的大路。这就产生了一个问题，从秦朝的交通网络来看，条条道路通咸阳，为什么道路修建和部队出征不从都城咸阳出发，而选择了甘泉？杨鸿勋是中国建筑考古的权威专家，他认为，位于咸阳以北的甘泉宫在首都的京畿范围之内，是秦王夏季避暑的最主要的宫殿区。这里物产丰富，并有驻军把守，有天然粮仓之称，相当于咸阳的北大门，把这里作为一条向北方输送给养的道路起点是有实际作用的。

甘泉宫： 秦朝离宫，始见于《史记·秦始皇本纪》，汉武帝扩建后名甘泉宫。是汉武帝时期仅次于长安未央宫的重要活动场所，它不只是皇室的避暑胜地，也是举行重大政治活动的场所。离长安约150千米，可以遥望长安城。汉武帝每年5月开始在此避暑，8月回都。

▲ 甘泉宫遗址

在咸阳北面一个叫凉武帝村的村口，立着一块石碑，上面写着“甘泉宫遗址”几个大字，而这里的村民从祖先那里就得知自古有一条通往内蒙古的宽路，据说能并排走3辆汽车，这与《史记》中记载相符，因为直道的终点九原郡就在今天的内蒙古自治区境内。

二、秦直道的起点现在竟是一段深沟

2000多年过去了，秦直道的起点还能留下什么痕迹吗？

▲ 这段深沟难道就是当年秦直道的起点所在地吗

当地一个叫王谦的文物管理员曾经跟随考古学家寻找过直道的起点，在他的带领下，课题组成员来到了一个据说是秦直道起点的地方，超乎所有人的想象，这个起点竟然是一段深沟。从深沟的断面确实可以看到中间有板结状的土层，颜色也比别处深，这显然非自然形成，王谦说这就是当年的路基，但为什么这是一段深沟呢？

据考古人员解释，正是因为遗址北面甘泉山的地势比甘泉宫遗址高出近500米，山上的雨水常年冲刷路基，使得这里原来的道路变成了深沟。但是即使这段沟壑的前身是一条道路，这段沟壑也恰好位于甘泉宫的北面，还是缺乏更加直接的证据说明这段宽25米，深30余米的巨大沟壑就是“秦直道”的起点遗迹。经过2000余年的沧桑巨变，即使真的有过一条宽阔的公路，也不会留下痕迹。

在2000多年前甘泉宫所在的地方，昔日的帝王宫阙已不复存在，唯有突出于地面之上的高台印证着昔日的繁华与壮丽。对于这两个大土台，学者推测那可能是汉武帝修建的通天台，一来是为祭祀所用，二来是供远征的将士们出发所用。

阴山山脉：横亘于内蒙古自治区中部，东段进入河北省西北部，是黄河流域的北部界线，也是中国古代游牧文化与农耕文化的分界线，是中国十大山脉之一。秦长城就修建在阴山之巅。阴山是内地汉族与北方游牧民族交往的重要场所。

《史记》中多次提到在秦统一六国之后，秦始皇的心腹大患是匈奴。公元前215年，秦始皇派遣大将蒙恬出征匈奴，公元前213年秦始皇发卒50万，命令蒙恬在阴山一带建造长城，长城刚刚建好，蒙恬又接到了修建直道的命令。所有这一切暗示着秦直道很有可能是一条与军事用途有关的道路。

三、秦直道如何穿越大山

甘泉宫前的沟壑延伸了一段之后就消失了，在地势相对平缓的渭河谷地再也无法找到秦直道的痕迹，再往北就是子午岭了。子午岭位于陕西和甘肃交界处，全长400多千米。古人称北为“子”，南为“午”，因此这座呈南北走向的山一直被称为子午岭。从地图上看子午岭横亘在陕北高原的中部，秦直道要一直向北，就必须要从大山中穿过。

顺着山谷修路显然是一个可行的路线。但是奇怪的是2000多年前的秦直道偏偏上山了。很难相信在这样人迹罕至的高山之上居然会有一条2000多年前的高速公路，但是专家却十分肯定，并指出山脊的一片开阔地带就是秦直道的遗迹。

▲ 有专家认为，秦人可能在修秦直道时，在路基中掺入了某种类似石灰的特殊成分，使得2000多年以后，这里仍然不长树木

按照专家的解释，由于秦人可能在修筑道路时在路基里添加了某种特殊成分，导致这一地带在2000多年后的今天依然不长树木，而只有一种叫黄蒿的植物在顽强地生长。

然而这个宽阔的平台处于子午岭的山脊线

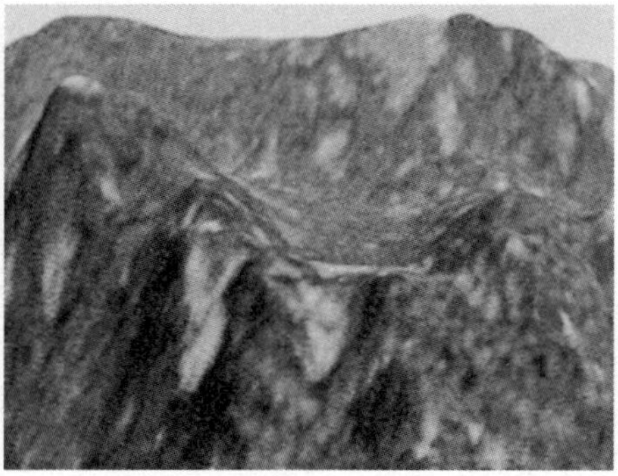

▲ 古代高速公路

▲ 打在秦直道夯土层上的墓穴

上，海拔在1000米以上，如果这里当年真的是秦直道的路面，那么秦始皇为什么要把一条道路修筑在山脊之上呢？

军事专家们认为，秦始皇当年修筑直道的主要作用是行军和运输军用物资，因此除了强大而快速的运输能力之外，还需要符合行军作战的隐蔽要求，如果道路建筑在山谷，很容易被往来如风的匈奴骑兵伏击。因此才执意要在四周有树木遮蔽的子午岭山脊之上修一条道路。从这个意义上说，秦直道是一条名副其实的军事高速公路。

继续北上，课题组在沿路发现了一个盗墓洞，而这个墓穴则恰巧打在了夯土层上，证明这里曾经是一条宽阔无比的大路。通过对古墓所在的路面进行丈量，表明这是一条相当惊人的宽阔道路，按照秦朝车马的形制，这条道路至少可以并行10辆大车，即使是用来大规模行军或运送粮草都丝毫不显得狭窄。如果秦人真的在2000多年前修过这样一条宽广的古代高速公路，他们所具备的技术和意志简直让今天的人们无法想象。

四、秦直道如何跨越洛河

出了子午岭之后继续向北，洛河出现了。洛河呈东西走向，是一条季节性河流。如果说秦人在修筑直道时还有绕过子午岭的可能性，洛河则是他们

▲ 秦直道必须跨越洛河这一天堑

必须要穿越的天堑。

在一本有关陕西交通史的书中记录了考古专家在此地的发现，在一座石头山头靠近洛河的一侧，有一个大土台。土台下面是厚厚的夯土，而且土质的结构与旁边农民耕种的田地的土质相同，因此专家推测这个土台应该是一座古代桥梁的引桥。实地考察证实这个土台的确不是天然形成的。而在河的对岸还有一个土台与这边的土台相对而立，两个互相对望的土台可以让后人产生充分的想象：为了让秦朝的军队和运粮的马车一年四季都能从洛河上通过，秦始皇舍弃了在河上搭建渡桥的常规方法，而选择在河两岸搭建远远超过河床高度的土台。今天看来，在这 2 个 20 多米高的土台之间应该是一座宽阔无比的木质结构桥梁，至于中间悬空地段是否有其他的支撑物，我们已经不得而知了。

▲ 秦直道跨越洛河示意图

瓦当：俗称瓦头，是屋檐最前端的一片瓦（也叫滴水檐）前端或位于其前端的图案部分，是古建筑的构件，起着保护木制飞檐和美化屋面轮廓的作用。不同历史时期的瓦当有着不同的特点，秦瓦纹饰以动物形象居多，而汉朝瓦当则在工艺上达到了顶峰。

相隔2000余年的时空寻找秦直道，只能得到一些模糊的线索和依稀的痕迹。根据历史学者们分析，在古人的道路两边一定会有驿站、烽燧等附属建筑，如果这条道路是供帝王出巡和军事专用，那么沿路必然会有行宫的存在。张在明是陕西考古所的研究人员，根据他的考察，在陕北地区的确发现过一些规格相当高的建筑遗迹，其中相当数量的泥质细腻、造型大气的秦瓦和瓦当被认定为皇家专用，同时，当地的百姓也时不时能挖出汉朝的瓦罐和瓦当，这从侧面证明正是因为有了这条直道，2000多年前本是人迹罕至的荒芜之地才有了人类生存的痕迹。

五、在连绵的山群中，秦直道如何取直线

穿过榆林一带的沙地之后，直道进入内蒙古自治区鄂尔多斯市境内的丘陵地带，深达几十米的沟壑把大山切割成一座座山梁。那么一路笔直北上的直道将如何通过呢？在内蒙古自治区境内东胜地区的一个制高点上，课题组发现了一个奇怪的景观。这些互不相连的山梁之间，出现了一连串垭口（即比较宽的山口）。垭口的宽度差不多是25米，考古学家测定过这个距离，大

▲ 开垭口之前

▲ 开垭口之后

概也就是秦直道在这一段的宽度，几个垭口呈一条直线，方向是正南正北。

按照专家们的推测，2000余年前，当秦直道修到这里，前方的大山挡住了去路，为了刻意让直道保持在一条南北相对的直线上，修路者曾经果断地把山凿开一个“凹”字形的垭口，道路继续向北，再次被大山挡住去路时，工匠们再次开凿垭口，因此才留下了这几个南北相对的垭口。而《史记·秦始皇本纪》当中所记载的直道“堑山湮谷，直通之”，显然是对这种分析的最好证明。

根据专家推测，凭着这条不弯不折的直道，中原的军队和粮草按照“日行三百里”的速度计算，最多6天就可能从都城咸阳赶到北方边境，而铁甲骑兵三天三夜就能到达阴山脚下。长城与直道的配合就像弓和箭的完美结合，为中原国家北部国防安全提供了一套完全解决方案。按照司马迁的记载，秦直道始于甘泉，终于九原。当课题组来到终点，也就是昔日的九原郡所在地，今天的内蒙古自治区包头市麻池古城时，同起点有几个大土堆一样，终点也发现有几个大土堆。这些土堆被考古学者认为是确认秦直道终点的重要证据。

▲ 从直道沿途出土的汉罐

六、《史记》中“道未就”三字作何解释

司马迁在描述完秦直道后还留下了令人费解的3个字：道未就。后人一直在推测其中的意思，究竟是说秦直道根本就没有修完，还是说秦始皇在世时道路没有彻底完工？

史料记载，秦始皇的确经过了这条直道。只不过那时他不再是不可一世的君王，而是一具冰冷的尸骨。公元前210年，为了去东海寻找长生不老之药，秦始皇第五次出巡，在半路上发病猝死，随行大臣赵高和始皇帝幼子胡

胡亥：秦二世，姓嬴，也称二世皇帝，是秦始皇第十八子，公子扶苏的弟弟。秦始皇出游南方病死于沙丘宫平台，秘不发丧，在赵高与李斯的帮助下，胡亥杀死兄弟姐妹20余人，当上秦朝的二世皇帝。公元前207年被阎乐逼迫自杀于望夷宫，卒年24岁。胡亥和嬴政一样没有后来皇帝的谥号和庙号，这是因为秦朝实行中央集权制，禁止臣下对君主议论评价。

亥相互勾结，封锁消息图谋篡夺皇位，他们把尸体放在四面有窗的车里，仍然按原定路程到达北方的九原郡，然后沿直道南行。

当时天气酷热，赵高命令携带大量的鲍鱼鱼干，想借着鱼腥味来掩盖尸体发出的恶臭，“如入鲍鱼之肆，久而不闻其臭”就出自这段发生在秦直道上的故事。

也就是根据这段历史，历史学家对另一个未解之谜做出了合理的解释。从始皇帝的遗体由直道返回咸阳的事实看来，当时的直道的确已经修通。因此有些历史学家认为公元前210年就是秦直道的完工之时。

但是历史学家也提出了另一种怀疑：从公元前212—前210年，仅有2年的时间。如此浩大艰巨的工程，两年之内不可能完成。所以他们对司马迁所说的“道未就”做出了另一种解释：秦始皇遗体通过直道时道路尚未修成，但是勉强可以通过车马。后来人们在史记中也发现了这样的记载，秦二世胡亥即位后继续了这项浩大的工程，直到公元前207年，秦直道才最后竣工。

秦始皇死后仅仅7年，曾经不可一世的秦帝国彻底覆灭。因此秦直道在短命的秦王朝统治期间并没有发挥多大作用。根据历史学家分析，直道真正发挥作用应该是在汉朝。汉朝君王正是经由直道一次又一次出征北方的游牧民族匈奴。在半个多世纪的时间里，这条道路上旌旗飘飘，征尘滚滚，战马和军队成为这条道路的主角。

秦直道，从陕北直通大漠一路笔直，可以说是世界上最早的军事专用高速公路，而这样浩大的工程建于2000多年前真是令人难以想象，但想到同时期修建的长城，我们有理由相信，秦人有这样的实力和魄力。更重要的是，过了上千年，高速公路的理念才被世界各国接受并逐步推广，在今天已经成为道路交通最重要的组成部分之一了，这不得不说是中国祖先的伟大之处吧！

这是一个地处甘肃省河西走廊古丝绸之路故道旁的偏远小村落，然而就在近几年，这里却突然“火”了起来，不仅众多专家学者接踵而至，而且游人也纷至沓来。随着考古发掘、学术研究的展开、深入，一个*2000*多年前的历史谜团逐渐被揭开。

消失的军团

这个位于甘肃省永昌县境内、紧傍祁连山的小村庄名叫者来寨。由于常年干旱少雨，这里沙化现象十分严重，使得原本贫瘠的土地看上去更加荒凉。与其他中国西部的乡村一样，用黏土夯筑的土坯房构成了整个者来寨的自然景观，丝毫看不出它有什么特别之处。然而，就是这么一个丝毫不起眼的地方，近来却成为考古专家、史学家们关注的一个焦点。那么，到底是什么吸引了这些学者们的目光，令他们不辞劳苦对一个偏远的贫困小村寨趋之若鹜呢？这还要从这个小村寨的主人们身上说起。

祁连山脉： 位于中国青海省东北部与甘肃省西部边境。祁连山前的河西走廊自古就是内地通往西北的天然通道，著名的“丝绸之路”由此通过。在这里出土的汉朝铜奔马是中国旅游的标志。《中国国家地理》这样描述祁连山对中国的意义：“祁连山……让中国的政治和文化渡过了中国西北海潮的沙漠……河西走廊就是中国之臂，它为中国拽回了一个新疆。”

▲ 者来寨村

一、苦恼的者来寨人

俗话说一方水土养育一方人。但令旁人大惑不解，连自己也说不出所以然的是：同样是生于斯长于斯，同样是满口地道的永昌土话，同样在户口本上清清楚楚标明祖籍甘肃、汉族的者来寨人，却普遍长着一副大异于“黑眼睛、黑头发、黄皮肤”汉族人基本容貌特征的奇特长相。他们多为棕色或黄色的头发，眼睛也多是蓝色或

▲ 体貌特征明显的者来寨村民

灰色的，身材上也较周边村寨的人高大健壮……看起来更像西方人。如果步入者来寨，置身于当地村民之中，往往会使人产生一种置身于异国他乡的感觉，就连偶尔到此的西方人见到他们，也会开玩笑说："我们的老乡怎么跑到甘肃这个地方定居了？"也正是出于这个原因，者来寨人时常会遭到乡亲们的嘲笑甚至是辱骂。特殊的长相给者来寨人带来了不少苦恼，总觉得抬不起头来，眼里时常流露出自卑的神情。

者来寨人的特异容貌同样也引起了专家学者们的关注。他们认为：虽然者来寨村民在户口本民族一栏标明的是汉族，但在他们奇特长相的背后，可能隐藏着一个尚不为人知的秘密。于是，广泛的走访和调查活动在者来寨和它的周边地区展开了。

二、难解的"牛缘"和特殊的葬俗

从表面上看，长相特殊的者来寨人与当地其他居民一样也是靠为数不多的田地为生，过着日出而作、日落而息的生活，并没有什么特别之处。但是，随着调查研究的深入，者来寨人生活中的两个细节引起了专家学者们的好奇。

一是，者来寨人似乎对牛有着特殊的"感情"，在他们的身上有着一种难解的"牛缘"。

在祭祀祖先的时候，者来寨人要蒸一种"牛鼻子"馒头，就是把枣插在馒头的顶部，然后将馒头捏成一个宛如牛鼻子的形状。

▲ 牛鼻子馒头

喜欢玩一种和牛有关的游戏。

逢年过节的时候要宰牛，喜欢闻刚宰杀的牛的血腥味道。

喜欢斗牛，这一风俗祖祖辈辈沿传至今。

……

这些都体现了源于其祖先意识中的一种对牛的认识。此外在丧俗上，者来寨人不论风水、不择地点，而是要求将死者的头部必须朝西安葬。

以上有别于汉族风俗之处在其周边地区，以及整个甘肃省境内都是绝无仅有的。因此专家们推测：者来寨村民的风俗习惯很可能与外域文化有着某些联系。那么，者来寨人的先民会不会是从其他地域迁移来的呢？

三、扑朔迷离的身世

几乎就在专家们做出上述猜测的同时，考古人员在者来寨附近发掘出了大量西汉时期的墓葬。但当时谁也没有意识到，这一发现竟成为后来破解者来寨村民身世之谜的关键。

通过对墓葬的研究发现：墓葬的主人普遍是男性。对此，专家们解释这很可能和军队有关；墓葬主人的骨骼长大。中国人平均身长为 7 个半头骨的长度比例，而这些墓葬的主人达到了 8 个，看上去并不像中国人的骨骼，这与现在者来寨人健壮高大的特征十分相似。于是专家们推测，他们或许是西方外来人种在中国繁衍生息，最后葬在这里的。

◀ 者来寨周边西汉古墓中出土的墓主人长大的骨骼

所有墓葬全部遵循头朝西安葬死者的原则，这与者来寨村民的葬俗习惯完全一致，从而说明者来寨这些长相奇特的村民和这些墓葬的主人应该存有某种联系。

……

经过分析，专家们认为，现在的者来寨村民很可能是这些墓主的后裔。如果这个推理成立，人们就必须要能解释清楚这一点：这些墓葬距今已有2000余年的历史，那么2000余年前来此定居的这些者来寨的先民到底是些什么人呢？他们又为何会不远千里选择这里来定居呢？一些学者提出了这样一个看似合理的解释，者来寨位于河西走廊，是古丝绸之路的必经之处。因此，者来寨人可能是当时西方商团的后裔。众所周知，丝绸之路曾是古代中国与西方国家文化交流和商品贸易的重要通道，因此，在河西走廊出现西方人的后代也就不足为奇了。但是，另一些学者在仔细研究了西汉历史和者来寨的地理位置以后发现，即使是在那时，这里也属经济不发达的偏远地带。就是有人的活动，也大多是出于军事目的所设要塞的驻军。商团从事的是经济贸易活动，这一特点决定它应选择走人烟稠密、经济发达的安全路径，走者来寨是有悖常理的。况且，丝绸之路在西汉时期才初具雏形，那时西方商团还没有大批进入中国。因此，这部分专家学者认为：者来寨这些奇特村民不可能是西方商团留下的后裔。

为了揭开这个谜团，专家们想到了DNA检测。通过对这些有着奇特长相的村民进行血样采集，再对75份样本进行DNA分析后，专家们惊奇地发现：竟然有近一半的血样中显现出欧洲人的基因。但由于他们历经2000多年的和当地人通婚、融合，基因组成非常杂乱。这仅能说明者来寨这些相貌奇特村民与欧洲人种确实有着密切联系。一时间，者来寨村民的身世变得更加扑朔迷离了。

基因组：基因是生命遗传的基本单位，不同人种之间头发、肤色、眼睛、鼻子不同，是基因差异所致。始于1990年的国际人类基因组计划，被誉为生命科学的“登月”计划，我国承担其中1%的工作比例。人类基因组“工作框架图”已于2000年6月完成。

四、史籍中的线索

就在研究陷入困境之时，一个新的考古发现令专家学者们更感意外：在者来寨发现了一座有较大规模的古城遗址。只不过因为一直有未间断的人类活动，遗址被严重地破坏，已不具备什么考古价值了。不过，从它长方形的形制和仅存的一段约300米的城墙看，可确定这是一座西汉古城。于是人们不禁要问：就在当时也属地处偏远的小小者来寨，为何会出现一座如此规模的古城遗址呢？它究竟是座什么城呢？这座古城又和这些相貌奇特的村民有着何种关联呢？由于缺乏考古证据，专家学者们只能另辟蹊径，寄希望于从史籍资料中来寻找有关这座古城的蛛丝马迹。

▲ 在者来寨发现的西汉古城城墙

果然，史籍中的一条记载引起了人们的注意。

公元前36年，西汉西域都护甘延寿和副校尉陈汤曾率兵4万讨伐致支城，并与匈奴人在此展开了激战。战斗中，匈奴人派出了一支长相非常奇特的军队，他们会使用一种被称为“夹门鱼鳞阵”的奇怪阵法——就是在敌人进攻情况危急时，用盾牌把自己围成一圈进行防御，而圈内的人则会把盾牌举在头上以防弓箭流矢。整个阵势摆起来就像一个头脚缩入壳中的大乌龟。因此，这个阵法又被形象地称为“龟甲阵”。

▲ 古罗马军队在作战中惯用的龟甲阵

《汉书》中对这场战役进行了细致的描

述，并指出“夹门鱼鳞阵”又叫“龟甲阵”。对此专家指出：这是古罗马军队所特有的一种作战方式。此外还提到，汉军不仅在这次战役中大获全胜，而且还俘获了这支长相非常奇特、会使“夹门鱼鳞阵”的军队中的1000余人，并将他们带回了西汉。

匈奴：汉朝时称雄中原以北的强大游牧民族，对当时中国政局产生了重大影响，公元前215年被逐出黄河河套地区。据《史记》记载，匈奴人的先祖是夏王朝的遗民，在向西迁移的过程中融合了月氏、楼兰、乌孙、呼揭及其旁26国的白种人，后裔多生活在今天的陕西、山西、山东、河南和福建等地。山东省文登市的丛氏就是匈奴金日磾的后裔。

至此，陷入困境的研究似乎又有了可以继续下去的线索，仿佛在黑暗的迷途中突然出现了一丝光亮。因为横向对比一下人们就会发现：如今地中海地区的许多国家仍然保持有与牛相关的一些风俗，喜欢玩斗牛一类的游戏。从历史文化的发展角度看，这更近乎一种人类早期的原始崇拜。因此，它能不间断地延续至今，古罗马时代则是其间不可或缺的一环。也就是说，历史上的古罗马人也应有着同样的习俗。而这一点，西方的史学文献和考古发现足以提供大量的佐证。鉴于者来寨的村民喜欢做“牛鼻子”馒头，喜欢玩斗牛游戏，同样有着对牛特殊的情感，而且那些周边的西汉墓葬中均为男性骨骼的发现，是不是可以推测：现在的者来寨村民就是当年陈汤所带回的古罗马俘虏的后裔呢？

五、千载悬谜

公元前53年的古罗马正值多事之秋，执政官克拉苏为了与恺撒、庞贝两个掌握兵权的实力派人物争权夺利，决定向东扩张势力。他纠集了一支由7个军团组成的大军，发动了对古帕提亚王国（今伊朗）的侵略战争。虽然在战争初期罗马军队所向披靡、一路凯歌，但最终还是被施展骄兵之计、采用诱敌深入战略的帕提亚王国军队一举围困在一个叫“卡尔莱”地方的荒漠深处。结果，只有克拉苏的长子所率领的第一军团6000余人从帕提亚军队防御薄弱的东部防线杀出重围，其余兵马几乎被全歼。就连统帅克拉苏也被俘获

恺撒大帝：罗马共和国末期杰出的军事统帅、政治家。公元前49年，他率军占领罗马，集大权于一身。公元前44年，恺撒遭暗杀身亡，死后其甥孙屋大维击败安东尼开创罗马帝国并成为第一位帝国皇帝。恺撒是罗马帝国的奠基者，被历史学家视为罗马帝国的无冕之皇。

▲ 突围而出的古罗马残卒向东流窜

后斩首。而向东突围而出的那6000余人由于后路被断，不仅再也没能回到罗马，而且就此从历史上无声无息地消失了，谁也不知道他们的结局如何。这就是2000多年来一直未被破解的“古罗马军团消失之谜”。但是，者来寨村民的先人是在汉与匈奴交兵时匈奴大军中那支古罗马部队的俘虏，而匈奴军队中的这支古罗马部队又和那支在伊朗高原突围而出的古罗马军队是什么关系呢？对此，专家学者们在多方面细致的调查研究基础上，完成了这样一个推理：当年，古罗马第一军团虽从帕提亚王国军队薄弱的东部防线杀出了重围，但由于他们回国的路线被封锁，故只能向东流窜。而当时，整个中亚的大部分地区都是匈奴的势力范围，因此，这股古罗马军团的“漏网之鱼”很可能就逃入匈奴人的地盘，无奈之下他们只得屈服于强大的匈奴，并成为匈奴人的雇佣兵。而这，便为后来陈汤在与匈奴人的交战中遇到他们并将其俘获带回西汉提供了可能性。这样看来，当年汉与匈奴战阵中出现的那支会使用“夹门鱼鳞阵”的古罗马军队就是克拉苏入侵帕提亚王国大军中那支突围而出的残部，而他们也正是现今者来寨村民的先人。

六、骊靬溯源

上述推理虽然丝丝入扣、合情合理，但要将推理变成定论，则一定要有确凿的史证为依据。其实，一些佐证就点点滴滴地藏匿于浩瀚的史料中。

据《汉书》载：致支城之战是在公元前36年，而到了公元前35年，也就是陈汤将这些罗马战俘带回西汉后不久，在西汉凉州府的行政区划中，就新设置了一个骊靬县。而骊靬这个怪僻的县名，其实就是汉时中国对古罗马的称谓。对此，专家解释说汉朝当时设置这个新县的目的，就是为了安置陈汤带回来的这批罗马战俘。

《永昌县县志》载："在今凉州府永昌县南，本以骊靬降人置县"，这说明骊靬县的设置与古罗马军团的战俘有着密切联系。

另有史籍载：骊靬县设置在番禾县南面的照面山下。经考证，文献中所指的照面山，正是如今与者来寨紧紧相邻的祁连山；而古之番禾县，则正是今天的永昌县。这说明史书中记载的骊靬县就设在者来寨，如今者来寨中发现的那座古城遗址，就是当时的骊靬县城。

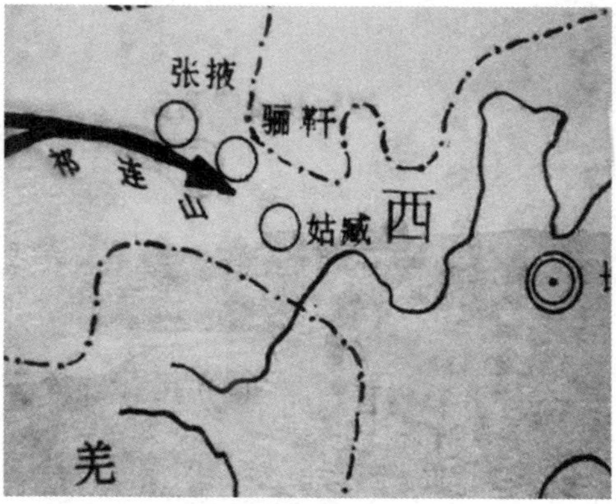

▲ 西汉骊靬县位置图

在颇具权威性的《大清地理记》中也提到过骊靬西汉置。

……

骊靬古城的发现令专家们兴奋不已，它说明2000多年前者来寨确实驻扎过一批古罗马军人，而现在者来寨这些相貌奇特的村民可能就是那些古罗马军人的后裔。时光荏苒，2000多年就这样随风逝去了。当年，为古罗马人专设的骊靬县如今早已在历史的风云变幻中不复存在，而那些远道而来、客死他乡的骊靬人也同样在灿若星河的中华文明中被渐渐湮没。留下的只有他们的后人，在用祖先基因造就的独特体征向世人讲述着一个历史长河中扑朔迷离的传奇故事。

在一次公路的扩建中，数百具人骨遗骸破土而出。

古颅疑案

在地下，他们已经沉睡了5200余年。古人类学家韩康信在为这批人骨做鉴定时，发现了一位中年男子的头上有一个规则的圆洞，这是韩康信发现的第31颗有洞头骨。经过多年的曲折求证，所有的推导最终引向了一个惊天的推论——这是远古部落里的一次开颅手术。这个推论受到了前所未有的质疑，5200余年前那个蛮荒年代的远古人真的具备如此惊人的能力？还是我们自己假想了一个天方夜谭？

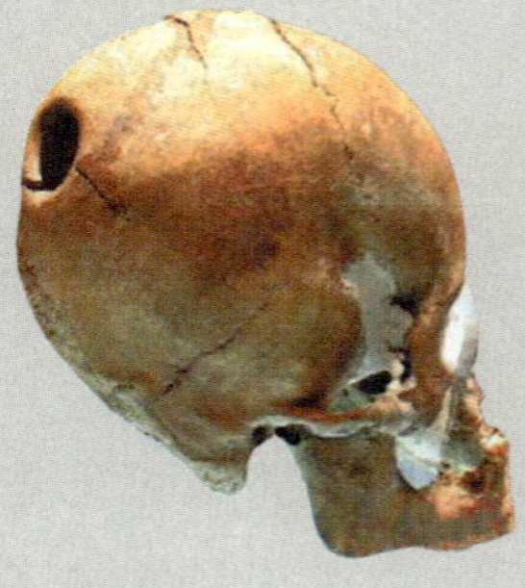
▲ 古颅悬疑

一、第一次发现有洞头骨

韩康信： 中国考古研究所专业职务评审委员会委员、研究员，享受国务院颁发的政府特殊津贴，主要研究方向为骨骼人类学的鉴定与研究。他的研究有助于我们了解中国远古人类在医学方面的贡献，以及中国脑神经外科手术的起源与演变历史。

1974年5月，中国社科院考古所西安工作站。

这里保存了一批重要的人骨遗骸，他们是4000多年前的古代人类，出土于甘肃省。韩康信是中国为数不多的鉴定古代人类的专家，这次被特别邀请来到西安市。因为，人们都相信，对

▲ 有洞头骨引起了各方专家的关注

于如此古老的人骨遗骸鉴定，没有人比他更加权威。

这时，一颗头骨引起了韩康信的注意：头骨上有一个洞。韩康信丝毫没有意识到，从这天起，一个长达 30 年的谜团由此引发了。

二、又见有洞头骨

1983 年 6 月的一天，韩康信来到青海民和地区鉴定一处 4000 多年前的墓葬群中出土的大量人骨遗骸。当考古人员将一批头骨送到韩康信面前时，时间仿佛被这一幕凝固了：又有一个有洞的头骨。韩康信下意识地怀疑会不会出土时考古队员不小心弄破了头骨。而考古人员则说，头骨一出土时就是这个样子的。猛然间，韩康信对自己的经验产生了怀疑。他鉴定的人骨数量至少已经上万，人为弄破的头骨他也曾见过，可眼前的头骨完全不同：这个洞非常圆，而且洞口的截面非常整齐，就像现代工厂里用钻头钻金属器具的钻孔一样。让韩康信吃惊的事情接踵而来，他又发现了 2 颗有洞的头骨，洞的形状更加离奇，一个椭圆形，一个长条形。这一次，韩康信心中升起一连串的疑问，在西安曾看到的那个头骨和它们之间有什么联系？这只是一个孤立偶然的现象吗？

韩康信决定将头骨带回北京。

▲ 考古现场

三、青海有洞头骨应是生前形成

几个月来，那些神秘的空洞成了韩康信的一个心结，在这几位4000多年前的古人身上，到底曾经发生过什么？这些奇形怪状的孔洞究竟是怎样造成的？作为一位资深的古人类学家，韩康信感到棘手的就是孔洞的形状，什么样的器具能在头上砸出这样圆润的洞穴？放到今天，人们会想到枪伤，可4000多年前连铁器都还未出现。如果不是人为的，会不会是老鼠在墓穴咬的呢？但是啮齿类动物咬骨头为的是磨牙，所以头骨的里外都会有咬的痕迹，这显然不是。排除人为暴力所致，还有怎样的人为原因？难道是有人存心想在人的脑袋上钻洞？这似乎更加蹊跷。中国人向来对头颅的重视胜过心脏，何况是在几千年前的蛮荒年代，谁又敢这样做呢？

有一种情况可能存在，那就是在人死后。韩康信在资料上看到，欧洲古人类出于对人骨的崇拜，在死后的人的头上钻洞取骨，做一些小的装饰品或纪念品，用来辟邪。那么，青海发现的有洞头骨，会不会也如同欧洲人的古老信仰一样，是某种人骨崇拜的结果呢？

▲ 韩康信研究古颅

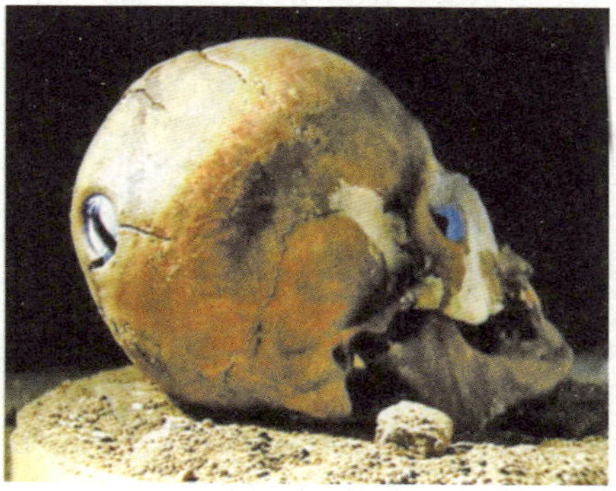

▲ 古颅上的洞截面圆润光滑

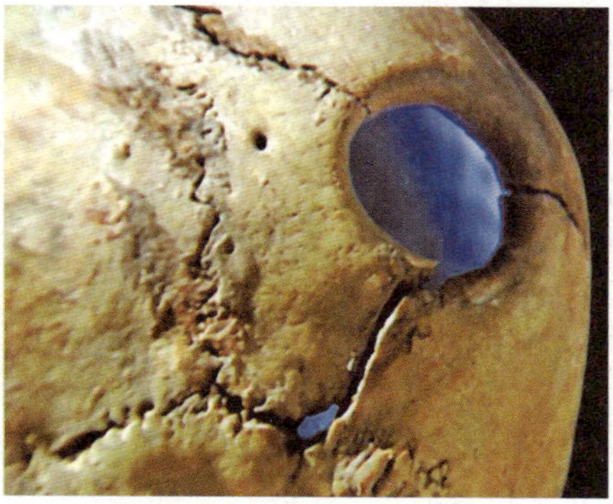

▲ 有洞古颅细节特写

头骨的发现本来只是韩康信的一个意外收获，但是，10 年来，屡屡在不同的地区发现这些奇特的古人头骨，这其中还包括新疆出土的几颗有洞头骨，韩康信认为，中国古代也存在着某种人骨崇拜，应该着手整理后，对外发表这项研究。

但是猛然间，韩康信心头一惊，他忽然发现几颗曾经看过无数遍的青海头骨与新疆头骨完全不同。新疆头骨的洞口边缘有一个垂直的截面，然而青海头骨孔洞的边缘却是光滑圆润。

同样是头骨上的洞，一个光滑圆润，一个棱角清楚，青海的头骨远远不像新疆头骨那么简单，如果是在人死后，用工具切下骨头，那应该留下整齐的切面才对。

显然，死后取骨以及人骨崇拜的说法已经无法解释这个带有圆润边缘的头骨了。

难道这是骨头生长愈合的痕迹吗？想到这里，韩康信心里更加不安，如果真是那样，那就意味着，这3位男子头上孔洞形成的时间，不在死后，而是生前。

四、排除病理原因和外伤导致

韩康信研究头骨的事情，在考古所被人们传开了。这天中午，研究陶瓷的王教授给了韩康信一个提示：现在的一些疾病也可以引发人的头上出现孔洞，会不会那些古人是生了某种奇怪的病？

本来停滞不前的研究，似乎又呈现出新的转机。

北京海军总医院脑科权威教授田增民认为：疾病引起的颅骨穿孔，由于存在一个个病理过程，是逐渐将颅骨腐蚀掉的，因此最终形成的穿孔形状很不规则，肉眼看上去坑坑洼洼的，很像海底的珊瑚。而这几颗古代人头骨上的穿孔形状相对比较规则，疾病很难诱发出那样规则的穿孔。

又一个成因被排除了。

韩康信决定将头骨送到北京法医鉴定中心做鉴定。外伤，曾经是他最早排除的一种推测，如果头骨上的洞真的是在生前形成的，那么，他过去对外伤的判断可能有些草率。但法医鉴定中心很快就得出了结论：古人头骨上的洞不可能是外伤造成的。因为人的头部受到外力撞击时，除了着力点受力以外，它周边的骨头也要分担一部分外力，这样会立刻在破损的部位形成放射性的骨折裂纹。这个重要特征，3颗古人头骨都不具备。

得知法医的鉴定结果后，韩康信的情绪十分低落，对青海头骨的各种推测，都被一一否定和排除了。

到底在几千年前发生过什么？那些神秘的孔洞真的无法解释吗？这时的韩康信完全没有了头绪。

五、难道是开颅手术

对头骨的研究在随后的几年并没有任何进展，韩康信如往常一样，又沉湎于他的古人类起源研究。时间的流逝似乎让他逐渐淡忘了那几颗头骨。

一天，韩康信无意中看到一本国外文献，文献上的图片是南美洲出土的4000多年前古人的头骨，他们头上的孔洞显然比青海头骨的更加规则，而且洞口的边缘也同样平滑圆润。

对这些空洞形成的原因，法国人类学家普若卡做出了这样的解释，他认为，这是一种古老的开颅技术。法国人的推想的确给了韩康信很大的启发，但是难道在人类文明还处在幼年的时候，古人就有了那样的惊人之举？韩康信从内心深处仍然非常疑惑。

2001年6月，韩康信来到山东省临淄区鉴定古人类头骨。当助手递给韩康信一颗头骨时，韩康信不敢相信自己的眼睛，更无法按捺自己的欣喜，立刻让大家停下手中的工作，先清理所有出土的头骨。

在中国的东部，也同样出现了有洞头骨。

在400多具遗骸中唯一一个有洞的头骨属于一个死亡时还是中年的男子，而他生活的年代，距今有5200多年。

他头上这个孔洞如鹅蛋大小，比青海头骨更加规则，而与普若卡发现的国外头骨几乎完全一样，头骨的洞口边缘也光滑圆润。

韩康信一遍遍摸着孔洞的边缘，此时，他的心中已经有了一个明确的结论。

韩康信的报告连夜被送到了山东省考古研究所。在报告中，他非常慎重地做出了一个大胆的推论，他认为，那位5200多年前的中年男子在生前曾经接受过开颅手术。

◀ 在5200多年前的墓葬中，出土了加工精美的骨刻，说明那时的古人类已经具备了刻骨的能力

人们无法相信，在那个蛮荒的时代，在那样的文明程度下，古人怎么可能实施如此危险而精密的脑部手术呢？

六、研究陷入前所未有的困境

2001年6月25日，中国考古学界和医学界的几位权威齐聚山东省考古研究所，就韩康信提出的推定召开“头骨论证会”。

对于如此大胆的推定，各界权威产生诸多质疑。

几个小时过去了，会议依然僵持在韩康信提出的核心证据上。专家们认为，肉眼的确能看到光滑圆润的骨质，可是，如何证明这是生长后形成的呢？况且，仅仅凭借几十年的经验，就能够推断出事实的真相吗？

头骨的CT结果不支持开颅术的推论。

鲍修风，被人们称为脑外科的“第一把刀”，他对于韩康信的结论将信将疑。鲍修风凭借着对颅骨的了解，认为古人要想徒手在人的头上切出一个圆洞并非难事，可是，要保证切骨后人能活下来，就不能出现任何微小的差错，否则，必将致命。鲍修风想为头骨做扫描。如果他真的能够检测出孔洞是手术后形成的，那专家组所质疑的关键证据就能得到一个有力的证明。

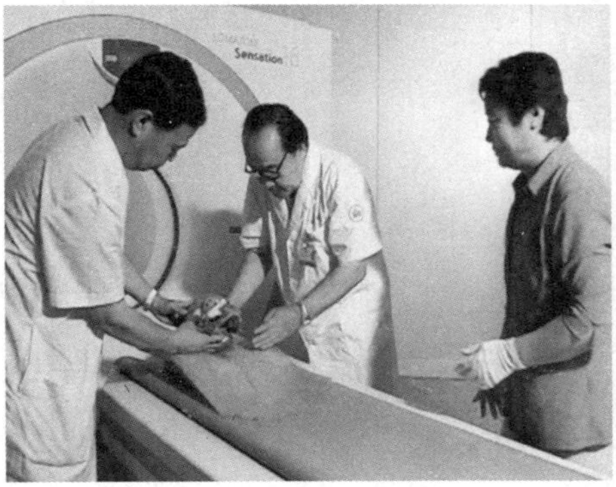

▲ 为古颅做 CT

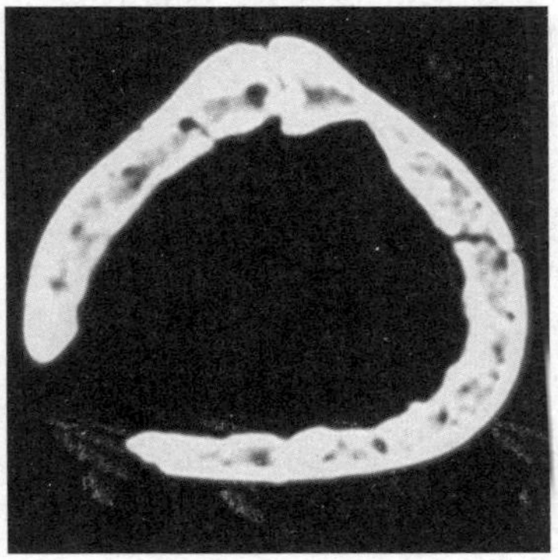

▲ 古人头骨 CT 结果

头骨的 CT 结果出来了，头骨水平横截面的图像清晰地呈现出来，洞口边缘每个层面的确如韩康信所说的那样非常圆润。这样的图像，鲍修风还是第一次见到，虽然他曾做过 40 多年的开颅手术，但是对于手术后，骨头的边缘究竟是怎样生长的，他完全没有经验。孔洞边缘所呈现的这种形状，到底意味着什么？鲍修风立刻将冲洗出头骨的 X 片与做过开颅手术后的病人进行对比。但遗憾的是，二者并不相同。

这个检测结果很快传到了山东省考古研究所人骨工作站，让韩康信心头一沉。

头骨论证会后，韩康信一直没有返回北京，就在鲍修风鉴定头骨的同时，韩康信自己也在寻找一些新的证据。

他每天花很多时间，用各种手段来研究头骨，试图找出直接的证据，可是并没有实质性的进展。

七、没有麻药，古人如何坚持 4 小时以上的切骨过程

为头骨寻找证据的不只是鲍修风一人，山东省考古研究所研究员张振国，与韩康信交往了十几年。在他的印象中，韩康信是一位严谨而有几分保守的学者，如果没有充分的把握，韩康信是不会轻易将他的研究结果公之于众的。

▲ 几位专家轮流上阵在头骨上刻洞，竟用了近4个小时

虽然医证据不足，头骨论证会最终没有认同开颅术的推论，可是在张振国看来，还不能判定谁是谁非。

遗址出土的所有物品目前还在清理当中，凭他对这个遗址文化的了解，也许能够从中找出证据。张振国一人默默地整理着这些遗址中的随葬石器。

5200余年前，人类还处在石器时代。如果头骨上的孔洞真的是人为做的手术，那么当时手术的工具也只能是石器。

张振国一遍遍尝试着石器的锋利程度，石器的刀刃并不如他想象的那样锋利。此时，张振国有些迟疑，如此粗糙的工具怎么能做精密的开颅手术呢？他认为那些简陋的石器无法为头骨孔洞提供关键的证据。

对于张振国的怀疑，韩康信提出另一种看法。

虽然目前还没有直接的证据证明古人有切骨的能力，但是，简陋的工具真的不能胜任吗？韩康信产生了一个想法，他要亲自去试一试用简单的工具徒手打开人的头骨。

韩康信选择了考古时所用的“铁刀”作为切骨工具。

1个小时过去，头骨刚刚凿出了形状。

切割头骨的难度完全超过了专家们的想象，连韩康信自己也没有想到会这般的费劲。

3个小时过去了，切骨的专家已经换到第3位。

此时，头骨已经凿通。

4个小时后，头骨最终被切割下来。

但是山东省考古研究所的专家都开始怀疑，就算当时能够切下头骨，恐怕没有人能够承受这样的疼痛，除非当时有麻醉药。

在今天的开颅手术中，病人一直依靠麻醉药来维持一种深度睡眠的状态，大夫操刀期间，病人丝毫的挪动都可能带来致命的危险。

麻沸散：世界最早的麻醉剂，比西方早1600多年，它的发明者是名医华佗。华佗所创麻沸散的处方后来失传。唐朝孙思邈编集的《华佗神方》中记录了麻沸散的配方，但据后人考证，并是华佗的原始处方。

中国历史上最早的麻醉药是华佗发明的麻沸散，但是，距今只有1700年左右，在此之前，史书上并没有关于麻药的文字记载。

那么，在5000多年前，没有麻醉药，被实施开颅手术的人怎么可能活下来？

八、峰回路转，中国北方古老开颅术得到认可

此时，各方面的努力都直接指向了一个相反的方向。然而，韩康信仍然坚持他自己的想法，不用麻药开刀的事例并不少见，特别是打仗的时候，也许古代人的精神意念比我们现代人还要强。

对于韩康信的这种说法，山东省考古研究所的专家们疑惑了，他们开始认为，5000多年前的开颅手术是不存在的。

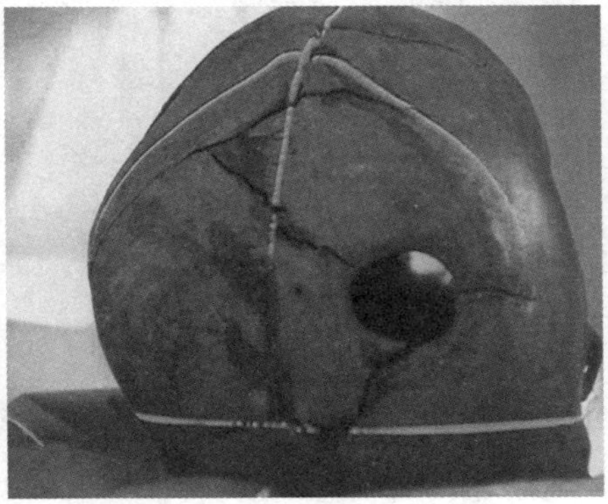

▲ 为古颅做 CT

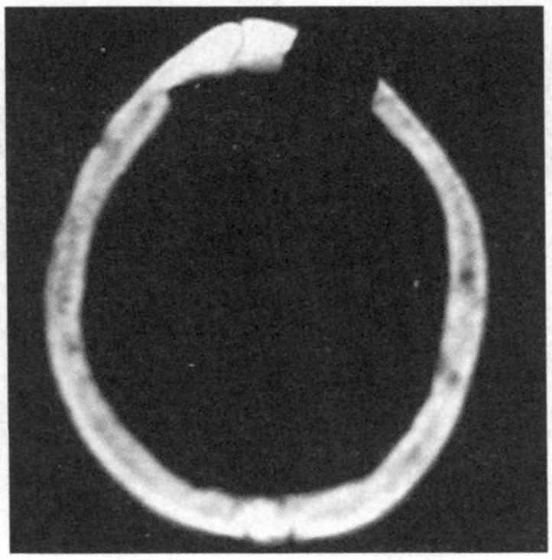

▲ 今人开颅手术后的扫描图

这天上午，山东齐鲁医院脑外科收治了一位急诊病人，这位病人在 1979 年前曾经因车祸做过开颅手术。在为病人做 CT 后，鲍修风的助手立刻将病人的 X 光片送到了鲍修风的办公室。

这张片子让鲍修风十分惊讶，X 光片上，这位病人开颅部位的头骨痕迹与古人头骨的完全一致。

难道古人头上的孔洞，需要 22 年才能生长愈合吗？那么最初的检测结果又是怎么回事呢？

此时，鲍修风无法解释检测结果出现的巨大反差。他决定，在济南市各大医院收集不同时间做过开颅手术的病人的片子。

就在同一个晚上，出乎张振国预料的事情也发生了。

工作人员在清理随葬物品时，发现了两个带有孔洞的石器，经过张振国仔细鉴别后，他确定这并不是普通的石器，而是玉器。

玉器上的圆孔打磨得非常整齐，如此规则的圆孔，似乎不是徒手打钻而成的，张振国立刻想到，这个物品就可以证明在当时有比玉更加坚硬的工具！而玉的硬度必然要比人的头骨硬许多。

另一个更为直接的证据也在这天出现了，助手邵云也发现了一个从未见过的物品。

▲ 骨梳

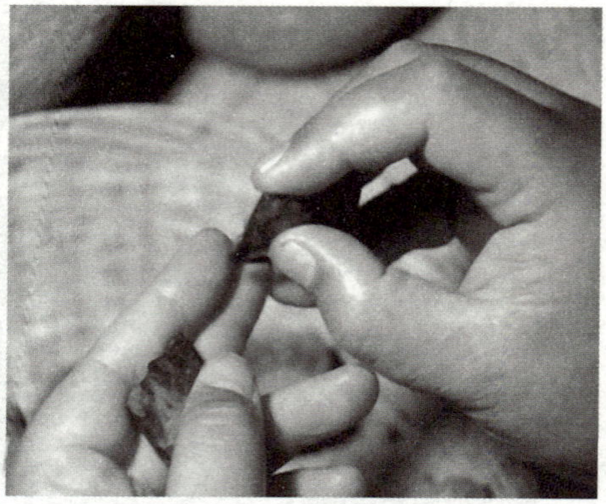

▲ 5200 多年前人类处于旧石器时代用这些石制工具能为人开颅吗

这是一件骨器，从形状看，张振国认为这是一把骨梳，骨器上雕刻的花纹非常精致，花纹的上方还有几个不是很规则的圆孔。

既然能在动物的骨头上刻出花纹，那么要在人的头骨上切骨也就不是什么难事了。张振国非常欣喜，这件物品的出现已经可以证明，在当时，人们一定有着非常锋利的工具。

张振国的努力事实上只是一个佐证，要想证明韩康信的推论，最重要的还是头骨边缘的痕迹究竟是不是生长的痕迹，而关键的证据仍然没有获得。

在鲍修风那里，虽然古人的头骨痕迹与那位1979年的病人完全一样，但是，作为一项研究，鲍修风认为，还不能定下结论，他还需要更多的病例才能得出结论。

找到这个答案，鲍修风的研究整整做了3年。

他与助手跑遍了济南市的各家医院，收集不同时间段的病例样本。可是事情远比他们想象得要复杂，因为，许多病人在手术康复后，很少回来复诊检查。直到2004年3月，鲍修风收集到上千份病例后，这项研究才有了关键的进展。

在大量的对比研究后，鲍修风才发现，他研究的疏漏就出在骨头生长的时间上。鲍修风发现，人的头骨在手术后的2个月里，每天都能出现不同的生长状态，直到2个月左右，骨头生长最终完全愈合，而在以后的若干年，骨头的状态不会再有任何的变化。

经过长达3年的研究后，鲍修风认为，那位5200多年前的中年男子在手术后至少存活了2个月，甚至是几十年。

2004年8月，山东考古所再次举行了论证会，根据鲍修风和张振国提供的证据，专家组最终认同了韩康信的推论。

2004年年底，韩康信将他所发现的31颗有洞头骨，正式对外发表，在距今3000—5200年前，中国的北方曾经出现过一种古老的开颅手术。

在众多的证据面前，我们似乎已经窥见那段曾经辉煌的文明，但是，历史的真相或许比我们想象的更加复杂。

在距今600余年前的14世纪初，一支史无前例的庞大中国舰队先后7次、历时28年，访问了亚非近30个国家和地区，堪称世界航海史上的一次创举、一次盛举，这就是人尽皆知的郑和下西洋。

郑和宝船

西洋：“西洋”一词最早出现在五代，不同时代含义不尽相同。明朝时期的西洋是指文莱以西的东南亚和印度洋沿岸地区，晚清时期则指欧美国家。明朝中前期，西洋的概念甚至囊括西域等地域，陆容在《菽园杂记》中就把哈列、撒马儿罕、吐鲁番、哈密等西域诸国称为“旱西洋”。

郑和下西洋：永乐三年，明成祖命宦官郑和率领庞大船队远航，拜访了30多个在西太平洋和印度洋的国家和地区，史称郑和下西洋。到宣德八年，一共远航了7次之多。郑和的航行之举远远超过将近1个世纪的葡萄牙、西班牙等国的航海家，堪称“大航海时代”的先驱。郑和下西洋是当时世界航海事业的顶峰，后世几百年中，几乎无人能及。

出于种种历史原因，不仅当时那些体量巨大、数量众多的泛海巨舟没能留存下来，就连所存的史料也是零星不整的。正因为如此，学界至今仍对这一人类航海史上伟大创举的诸多细节存有颇多争议、难有定论。

郑和宝船之所以成为现学界争论的焦点，最主要的原因就是因为其太大，大到令人瞠目结舌、不可思议。据对现存极少的零星史料的考证：这种木质航船长125米，宽50米，排水量达17000吨，具有9桅12帆。如果光说数字不够具体形象的话，相比之下在宝船诞生近1个世纪后，哥伦布舰队的旗舰（25.9米）在它面前如同一叶小舟；4个世纪后英国倾全国之力，6年财政预算建造的木质战舰“维多利亚”号与之相

郑和船队远航示意图 ▶

比也“稍逊风骚”；而举世闻名的故宫太和殿（施工期达 3 年之久的全木质结构建筑），在这艘巨船上并排放 4 座还绰绰有余……

按理说，在 600 多年前中国人凭借举世无双的造船技术能造出这种足以傲视天下的巨船，本应大书特书、遍及史籍以令子孙世代为之骄傲、自豪，但为什么翻遍明朝的正史野史，人们只能找到一些破碎零星的记录，以至产生那么多的疑问与纷争呢？

▲ 北京故宫太和殿

一、难以弥补的历史遗憾

▲ 永乐皇帝

爪哇： 现在印度尼西亚的一个岛屿。在中国古代，“爪哇国”用来形容非常遥远、远到天边的地方。

在中央集权的封建社会中，唯我独尊的皇帝的意志是至高无上的，它能够左右一切。因此，皇帝的喜好、皇帝的态度将直接影响国家的海洋政策。

永乐皇帝对沿海及海运的发展十分重视，因此郑和在其在位期间得以多次出海远航。

到了1424年，永乐帝驾崩，仁宗朱高炽即位。仁宗认为先帝因重视海洋而忽略了内地经济的发展，致使国库空虚、百姓饥馑，因此他一即位就开始奉行海禁政策。当时宝船被封存、郑和也被另委他用，被任命为南京城守备。

好在仁宗仅在位一年就驾崩了，其子朱瞻即位称宣宗。宣宗皇帝为了向天下证明中国仍然很强大，便再次起用郑和出海，但这时的郑和已是年逾花甲了。1432年，郑和率领一支由约2.8万人组成的庞大船队七下西洋。但遗憾的是，伟大的航海家郑和就在这次远航中客死他乡了。据传郑和的遗体被葬在了爪哇。

在郑和死后第4年的1436年宣宗驾崩，继位的英宗再次宣布海禁，并命兵部侍郎刘大夏焚毁了所有关于郑和的航海日志。

……

在这里值得一提的是，郑和在最后一次出海前似乎预感到了后来将会发生的一切，于是他命人刻了两座载有以往6次航海经历的石碑分立于南京附近的两个地方。但可惜的是，数百年后当人们再要回顾那段历史、重温那逝去久远的辉煌时，不仅已是“樯橹灰飞烟灭”、史籍残缺破碎，就连那两块被人们寄予厚望的石碑也是一缺一残了。

二、学术界存在的诸多纷争

如果与郑和宝船相关的史料完全被历史长河所湮没的话，也就不会有后世人们对它的刨根问底、穷追猛究，更不会由这一困难重重的科研课题而引出那么多的质疑，引发诸多的学术纷争了。但偏偏在现存的一些破碎的历史记录中，在描述郑和宝船时却出现了惊人的一致，使人们不敢不信又不敢全信。它不仅深深地吸引着人们的探索欲望，令人们欲罢不能，更促使人们从不同角度、通过不同途径、采取不同手段更加迫切地解开这数百年前的悬疑。

可是，在研究过程中由于缺乏确凿的史据，对于一些关键的问题只能凭借现存零星破碎的史料进行推断，这样势必就形成了百家争鸣的局面。其争论的焦点主要存在于以下 3 个方面。

从政策的合法性上讲，在等级制度森严的封建王朝，皇帝的九五至尊是不可以超越的。那么像史籍中所载“体势巍然，巨与无敌”的郑和宝船，这种比皇帝的宫殿还要大的巨舰，会允许一个宦官来搭乘吗?

从经济角度来考虑，这样一艘足有一个足球场大小的全木质巨船，仅建造所需的木材、工匠都是非常巨大惊人的，当时的社会经济条件能够承受吗?

从技术角度来讲，造船界、航海界对如此巨大的木船的建造可行性、出洋航海的可操作性及对当时多为天然水道、天然港口所存在的适用性都持怀疑的态度。

三、建立在科学基础上的答难解疑

科学的结论必须要有科学的依据为基础。近年来，学者们经过全面细致的研究后，对以上质疑给出了能够令人信服的解释。

从财力保障方面讲，在明朝建国初的六七十年里，几代皇帝大都能注意到大乱之后休养生息对巩固政权的必要性，故还都能励精图治，使国家经济得以全面迅速地发展，史学界将这一时期视为明朝的盛世。永乐帝在位期间，建故宫、疏运河、造船出洋等一系列重大工程都因有着雄厚的财力保证而顺利完成。这里仅从造船出洋这一项来讲：当时总共改造海船 2860 艘，其中新造 18 批次约 2228 艘，占总量的 78%；改造约 7 批次 632 艘，占总量的 22%；由浙、苏、赣、闽及湖广（湖南与湖北）多省份多批次承造。

因此，从这一角度看，建造郑和宝船虽然工程浩大，但人、财、物方面的保证应该是没有问题的。

从船型的设计上看，中国航海历史传统悠久。早在汉朝，用浮力较大的竹子所造的筏子就比西方小帆船的灵活性要高；到了宋朝，造船技术有了很大发展，帆船样式众多，海运、海贸空前繁荣；明朝木帆海船建造技术既继承了汉、晋、隋、唐、宋、元诸朝传统，又有所发展，形成了中华帆船特色。当时的郑和舟师就船形特征的划分有福船、鸟船、沙船、广船等；就大小而言有 2000 料、1500 料、400 料、100 料等；就使用功能而言有大宗宝船、分宗宝船、马船、粮船、座船、水船、战船等；就名称则有海舡、海舟、海风船、海运船、舡运船、海运舡、宝船等多种称谓，而其中单就宝船而言就有龙船、宝舡、巨船、巨宗、大舶等多种叫法。

从船上设备的配置方面上看，木帆船在水面上的行动主要依靠风帆借助风力以及水手划水，明朝中国木帆船动力推进系统采用硬帆加旋转橹模式。首先，它的帆与当时欧洲帆船采用的分段软帆不同，是帆篷面带有撑条的硬帆结构。这种帆虽然较重、挂升较费力，却拥有极高的受风效率。此外，桅杆不设固定横桁，适应海上风云突变，调戗转脚灵活，能有效利用多面来风；其二，在船的两舷和艉部所设的长橹与船桨不同。这种长橹入水深，多人摇摆，橹在水下半旋转的动作类似今天的螺旋桨，推进效率较高，它使船能在无风的时候也可以保持相当航速。此外，橹在船外的涉水面积小，同样适于船在狭窄港湾或拥挤水域的航行。

船形影响船速和船体的平稳，因此明朝中国木帆船的船形结构多采用底尖上阔、首昂艉高的设计，这种船形在恶劣海面控制平稳的性能较高。同时，在船上还使用了梗水木和两舷披水板，它们可以进一步减小船体向两侧晃动的幅度；另外，当时中国木帆船设有多道横舱壁的设计在世界上也是独一无二的。这种用木板将船内隔成不同船舱且彼此密封的设计不仅加强了船的结构，具有分舱水密抗沉的作用，同时也有利于分类载货。

众所周知，船在海面航行主要靠船舵来控制方向。明朝中国木帆船采用开孔舵，当船在深水区航行遇到大风浪或者乱流的时候，可使舵叶下缘降到船底以下以至不受影响；而在浅水区航行或者锚泊时候则可将舵提升到高位，不致因搁浅而损伤舵叶。另外，这种开孔舵与以往使用的舵相比不仅能够保持舵效，而且操控起来更为轻便。

开孔舵：按功能划分，船舵分为平衡舵、升降舵、开孔舵等类型。在平衡舵、升降舵外，中国的另一个发明是“开孔舵”。因为舵上有许多小孔，能使舵在水中转动起来时更容易。直到1901年开孔舵才传到西方。在此以前，西方用煤作燃料的鱼雷艇虽然每小时可航行约557.45千米，但在全速航行时却无法转动舵，开孔舵正好解决了这一难题。

明朝中国木帆船已普遍使用带爪木杆石锭（锚）与带横棒多爪铁锚等，同时还为大型船舶制作了特大型的铁锚，这在世界造船历史上也是领先的。

从造船工艺方面进行考证，当时通过使用锹钉、铁锔、铲钉、蚂蟥钉等，可使复杂的木结构能够通过各种船钉拼合，再经挂锔上卡加固，从而使中华古木帆船的尺寸、吨位、坚固性及适航性能都达到世界领先水平。如通过对位于南京中保村的目前国内已知唯一的明朝官办造船基地——明朝宝船厂遗址的发掘得知，其规模当时在世界范围内名列前茅。1957年，曾在该处

▲ 明朝大型木帆船与哥伦布船队旗舰的对比

▲ 郑和舟师船只使用的铁锚

▲ 南京明朝造船厂遗址

发掘出一根长11.07米的舵杆；1965年，又在该处发现了一段长2.21米的绞关木，据专家考证：2米多长的绞关木需要五六个人一起操作，能够绞起500千克左右重的铁锚。2003—2004年，人们又在该处发现了两根长度分别为10.1米和11米的铁黎木舵杆。虽然这些发现尚不足以精确推算出其应用船只的准确数据，但足以印证史料所载明朝海船的巨大规模。

综上，专家们认为在当时，建造长125米，宽50米的，排水量达17000吨的沙船型木帆船是没有什么问题的，史籍上的记载是真实可信的。但是，当专家们根据远洋航船的长宽比例来审视这艘巨船时发现，它的长宽比值2.5明显低于一般远洋航船的长宽比值4，也就是说这种船只适合在近海或者江河内流航行，难道它不是随郑和七下西洋的宝船吗？

四、真实再现郑和宝船

通过对现存史料的进一步分析，当时的宝船有大、中、小三档，而郑和下西洋舟师中的宝船实为最小一档，也就是史料中所载的2000料海船。据专家考证，这种2000料海船长61.2米，宽13.8米，排水量在1500吨左右。千万不要小看这种2000料海船，在当时出到海外它已经是世界冠军了，足以体现“体势巍然，巨与无敌”，展示中华上国的风采了。

▲ 御用宝船（模型）

这就是说，此宝船非彼宝船。那么，

前面所考证的那种“巨无霸”又是做什么用的呢？它是御用宝船，只载着皇帝、皇室贵族、朝廷高官检阅、观光、显示皇威，只供在南京水域航行或做短途巡游。它既不下西洋，也不出海。因此，这种“巨无霸”只在永乐年间建造了一二艘，到了宣宗时就因年久失修而被摒弃，也未再造。

不过即便如此，明朝中国首屈一指的造船技术以及600多年前那段前所未有的海上奇旅不仅足以令炎黄子孙永世自豪，同时也在那些后来居上的洋人们中蔓延开一种既赞赏又担忧的心绪。因为，它带给世界的信息仍强烈地萦绕在人们心头，那就是“大国之航，势不可挡”。

这是一处非比寻常的唐朝窖藏，其内容之丰富、做工之精美以及无法估量的实物价值和学术研究价值，堪与举世闻名的中亚阿姆河遗宝相媲美，被誉为20世纪以来针对唐朝考古的一个重大成果。

何家村惊世遗宝

由于它的特殊性已与传统意义上的窖藏、发现不可同日而语，因此被考古学家冠名以“何家村遗宝”。

可是，直到时隔几十年后的今日，这些“遗宝”仍有无数未解之谜。

为此，许多考古学家和历史学家始终没有放弃，研究和探索从未间断地在进行着……

大量如金银器等珍贵文物的出土，使何家村遗宝的发现堪称20世纪以来针对唐朝考古的一个重大成果。

“即墨之法化币刀”。即墨，先秦齐之都邑；法化，国家之法定货币。这是何家村遗宝出土的大量古钱币中年代最早的古币，距埋宝时间已有千年之遥。

1970年秋，西安市南郊何家村的一座楼房在施工时，意外地发现了一处罕见的唐朝窖藏。通过对陆续出土的文物进行全面的清理登记，共获文物1000余件，有玛瑙器、水晶器、玻璃器、玉器、金箔、钱币、银铤、银饼、银板，还有朱砂、石英、琥珀、钟乳石等十几种药材。其中数量最多的是金

▲ 大量珍贵文物的出土，使何家村成为针对唐朝考古的一个重大发现

银器，金器总重量14900多克，银器总重量195000多克。

这批重宝出土后，由于其中没有直接表明其主人身份的标识，文献中也没有可供直接查询的记载，因此摆在考古学家面前的问题便是：究竟是什么人在唐朝的什么时候出于什么原因埋藏了数量如此之多的珍奇异宝？

一、遗宝中暗示的信息——收藏家，达官显贵，抑或道家门徒

▲ 这是何家村出土的最早的刀币

何家村遗宝中有大量的钱币，共466枚之多。于是，专家们首先将目光投向了这些古币。众所周知，历史上每一种货币都有其特定的流通期限，通常根据流通时间最晚的一种钱币，就基本可确认埋藏遗宝大致的年限。专家们研究发现，出土钱币中年代最早的是一枚被称为“即墨之法化”的刀币，年代最晚的是唐朝的“开元通宝”，时间跨度达1000余年；而其中的西域“高昌吉利”，前凉的“梁造新泉”，都是罕见的稀世珍宝；此外，还包括日本的“和同开宝”，波斯萨珊银币，东罗马金币等外国古币，空间跨度东至日本海，西至地中海，幅员数千千米。钱币数量繁多、种类丰富，是成系统、有目的拣选出来的钱币，大多是每一时期、每一地域的只留一

高昌：始建于公元前1世纪，是世界宗教文化荟萃的宝地之一。高昌居民以汉族（主要为汉魏屯戍军民的后裔和逃避战乱的内地移民）为主，少数民族（主要为昭武九姓和其他西域国家的侨民）为辅。后来，高昌古城在13世纪末的战乱中被废弃。

◀ 开元通宝为何家村遗宝出土的古钱币中年代最晚的。开元是唐玄宗年号。由此可见，这批遗宝埋藏的时间最早应在玄宗朝

枚。可见，埋宝之人很有可能是一位颇具实力的钱币收藏家。这就不能用常规的方法去看待这些钱币了。因为从收藏的角度看，越早的、越少的钱币越有收藏价值，而收藏的方向也是根据收藏者的兴趣点、喜好各有侧重的。如同当今古币的收藏家有专门收藏先秦钱币的，有专门收藏新莽钱币的一样，不能简单地以流通期限最晚的一种钱币来断定这批遗宝的埋藏时间，只能说最早也是在“开元”年间。

再有，这批钱币中竟有 421 枚“银开元”和 30 枚“金开元”，是迄今为止考古史上出土最多的一次。这些崭新的、看来从未使用过的金银币不是流通的货币，而是专门为宫廷赏赐、娱乐而制造的。唐人张祜诗云：“长说承天门上宴，百僚楼下拾金钱”，写的就是玄宗皇帝在皇宫的承天门楼上陈乐设宴招待臣子时，向楼下抛撒金钱，百官争相捡拾的热闹喜庆场面。可见，能拥有如此之多这种特殊金银币的人绝非寻常之辈，应是有资格常侍帝阙左右的达官显贵或专门为皇家制造、管理这种钱币的特殊身份的人。

在何家村遗宝中还有着成组成套的药具和大量药物：药具中有贮藏药物的罐、盒、鼎，煎药的锅、铛、铫等，还有几件被称作石榴罐的纯银器皿，是炼丹用的一种必备工具，相当于现在的蒸馏罐；药物也多是当时的名贵药物，其中仅朱砂一项，就有 7 种规格；而大粒光明砂、钟乳石等，在当时都是作为炼丹的药物来使用的。提到炼丹，人们马上会联系到道教，知道它是道教的重要法术之一。而在历史上，唐朝正是道教发展的黄金时代，其原因有二：一是唐高祖李渊在打天下时出于抬高身价、制造舆论、扩大影响力的目的，曾奉道教中被尊为太上老君的李聃为祖。再就是历代唐皇都笃信服食丹药可延年益寿长生不死。这样，在当时的社会上崇道之风盛行。遗宝中与道教关系密切的还有 12 条金“走龙”。“走龙”是道士为信徒举行重大仪式时，用来向东南西北及天地各方神灵表达诚意、祈求长生不老的信物。“走龙”有金、银、铜、铁等不同的质地，金龙的级别最高，只有地位极尊贵的信徒方可使用。

▲ 道教法器金“走龙”，是不同质地“走龙”中最高级别的一种

从这点上看，是否暗示着遗宝的主人还可能是一位与道教有着密切关系且地位十分尊贵的人物呢？

二、府库遗存，初显端倪

既然古币和道家法器都不足以帮助人们确认遗宝主人的身份，人们只能像过筛子一样从其他文物上逐件去寻找可能存在的丝毫线索。

人们对出土的大量书有墨书题记的金银器进行研究时发现，它们记录了包括存放物品的名称、重量、数量以及物品的使用方法和来源等，内容一丝不苟且墨迹清晰。鉴于个人收藏没有必要做如此详实的记录，因此专家认为这些带有墨书题记的金银器应是官库藏品，而且登记入库后就再没有被使用过，管理是十分严格的。

在出土的 10 副玉带銙中，除了一副来自当时的西域骨咄国外，其余的都出自同在西域的于阗国。于阗自古以产美玉著称，于阗玉深得唐朝皇室贵族所喜爱。因此，除了于阗国主动前来贡献外，朝廷还会亲自派使节前去求取。史书记载：唐太宗曾派内官朱如玉一次就从于阗带回玉器数百件，其中仅玉带銙就达300具。玉带銙是装饰在腰带上的佩饰，这种佩饰可以有玉、犀、金、银、铜、铁等多种材质，而在唐高宗时有明文规定，三品以上文武官员才能使用玉带銙的腰带。因此玉带成为唐人服带的最高等级，均出自御用作坊的能工巧匠之手。

▲ 正是通过举世闻名的“丝绸之路”，大批被称为“胡人”的西方客人云集长安。多姿多彩的异域文化与古老的中华文明在此相互交融

▲ 何家村遗宝中的鸳鸯莲瓣纹金碗，标志着当时金银器制造工艺锤揲和錾刻技术的成熟，应不是唐初的作品；而部分鎏金的银器，学者根据考古花纹类型学的研究最终认定，它的出品年代应在唐德宗年间

遗宝中除了一些外国钱币外，还有诸如素面罐型带把银杯、兽首玛瑙杯等一看便知的异域珍品，是由外国使节和客商通过“丝绸之路”带到长安，进献给朝廷的贡品。在唐朝的皇室贵族中，“西化之风”十分盛行，许多外来的新鲜事物都成为他们喜好的对象，追逐的目标。何家村遗宝中大量外来器物和外来器物的仿制品正是这种社会风尚的反映。

在遗宝中还有许多银饼，有的刻有“开元十九年（731）”的字样，有的刻有“怀集”“安”等地名。这至少说明了这是一批各地上缴的官银，如刻有“怀集”“安”字样的应是岭南道怀集、安两地的税银。另从这些刻有铸造时间的银饼上，人们可将埋宝时间的上限界定在开元十九年以后。

一只重达391克的鸳鸯莲瓣纹金碗同样引起了人们的关注。根据器型学的研究，唐朝早期的金银器多为皇家贵戚使用，制造时追求宏大华美，不计成本，因此部分仍沿用古老的范铸法来制造。而在这只金碗上能明显地看到锤揲和錾刻技术的成熟应用。它不仅表现了当时人们的审美情趣，也凝聚了顶级工匠的才华智慧，肯定是出于皇家作坊的御用工匠之手，但不会是唐初的作品。而遗宝中的几件鎏金银器，最明显的特征就是装饰着阔叶大花。考古花纹类型学研究认为，这种风格是在唐德宗时期开始流行起来的。因为每个时代流行的东西都会打上时代特有的印记，它与这一时代的社会生活有着千丝万缕的联系。考古花纹类型学就是通过对不同时代的花纹进行研究，找出它的时代特征和发展演变的规律。由于它是这批遗宝中可断定的成器时间最晚的文物，因此何家村遗宝的埋藏时间被再次后推，可大致圈定在唐德宗（780—805）时期。

锤揲： 最主要的金银器成形工艺，成熟于唐朝，至宋朝有了更为巧妙的应用，并对瓷器工艺的发展产生了重要影响。这种工艺充分利用了金、银质地比较柔软、延展性强的特点，用锤敲打金、银块，使之延伸展开成片状，再按要求打造成各种器形和纹饰。

鎏金： 将金和水银合成金汞齐，涂在铜器表面，然后加热使水银蒸发，使金牢固地附在铜器表面不脱落的技术。从已出土的文物证实，战国时期古人已掌握了鎏金技术。

专家通过对何家村遗宝研究分析后认为，其中部分是由地方官吏进贡给皇室的。再对发现何家村遗宝的建筑工地进行勘查，可看出其埋藏遗迹明显没有经过任何修饰，似乎是在慌乱之中埋藏的。那么，当时是谁住在这块地界上？又能是谁有机会接触这批珍宝？在唐德宗“任期”内究竟发生了什么重大而激烈的事件令其匆忙埋宝？又为什么这批宝贝能一直保存至今呢？

三、小有眉目，尚存悬疑

根据文献《两京新记》《唐两京城坊考》的记载，何家村地界当时称兴化坊，是长安城中达官显贵的一个聚居区。居于此地有名有姓的大人物先后就有王李贤和嗣王李守礼父子、京兆尹孟温礼、驸马都尉元孝矩、密国公封德彝、嗣虢王邕、晋国公裴度、都官郎中窦泉、长安主簿李少安、职方郎中萧彻、尚书租庸使刘震等。于是，他们也就成了埋宝可能性最大的一群人。

但会是谁呢？

元孝矩、封德彝、嗣虢王邕生活的年代过早，在705年之前，当然可以排除。

晋国公裴度是在806年之后身份才逐渐显赫起来的；萧彻死于835年。因此，裴度与萧彻生活的时代太晚，也可以排除。

都官郎中窦泉和长安主簿李少安两人官职太小，很难与何家村异常珍贵的遗宝相联系，因此也可排除。

孟温礼住的位置与遗宝的埋藏地不符，也可排除。

这样，曾居住在兴化坊的这批人当中就剩下了王李贤和他的儿子嗣王李守礼一家和尚书租庸使刘震一家。李贤、李守礼父子乃王爵，奇珍异宝自不会少；而刘震所任的租庸使是中央政府专门负责征收租庸调的官员。"租"是缴纳的粮食；"调"是缴纳的布匹；"庸"是为官府服劳役。而唐朝的租税制度又有形式多样的折纳制，既可以折纳成稻米、布帛，也可以折纳为金银、铜铁等。因此，刘震既有"近水楼台"之便，又有公饱私囊之嫌。那么，在这两家之中又会是谁呢？

王李贤是个文化人，可能有一定的收藏；他的儿子嗣王李守礼曾先后担任过刺史、司空等官职，司空即是主管皇宫手工业作坊和金银铸造业的官员，所以他也有条件接触这批财宝。可是，根据史书记载，李守礼放荡不羁、挥霍无度，是个有名的败家子，经常靠借债度日。试想，这批财宝即便是他的，也没有留到今日的可能；从时间上看，李守礼早在安史之乱爆发（755年）前十几年就已经死去了，所以何家村遗宝和他联系起来有一定的困难；从实地的勘查结果看，何家村遗宝出土地点并不在王府的范围内，而在王府的东边。据此，埋宝人是王李贤和他的儿子嗣王李守礼一家的可能也被排除了。

于是，尚书租庸使刘震便成了人们关注的焦点。

文献中记载，刘震宅在"东门之南，京兆尹孟温礼宅"之后。与何家村遗宝发现的位置相符。

陕西历史博物馆珍藏的唐朝壁画《客使图》。专家认为：这幅壁画上的客人分别来自日本、罗马和波斯，而何家村出土的部分文物也恰好是来自这3个国家。但它们之间尚有待考证是否存在某种联系

《唐六典》记载：当时从地方征收到中央的赋税运抵京城后，先要送到一个输场，经检验合格后再由输场送往国库。而租庸使负责的就是监督从征收到输场检验一直到国库最后的验收全过程，他不是常设官，而只是特殊委派的一种官。可见，遗宝中庸调的银饼与刘震租庸使的官职关系密切，这并不是巧合。

刘震生活的时代与考古花纹类型学研究的年代是一致的，为德宗年间。

这样，有关何家村遗宝是谁埋藏的问题逐渐清晰，人们开始关注是什么原因令刘震匆忙埋藏了这些财宝，并能一直保存至今。《太平广记》收录的一则故事为人们提供了重要线索：

租庸使刘震在当时是一位声名显赫的人。有一天，他刚去上朝不久，突然策马赶回家中对家人说："泾原官兵发生了叛乱，皇帝与百官都已逃往城外，我惦记妻女，所以赶回来略作安排。"随后刘震让外甥王仙客改装易服，押着金银财宝20驮运出城外，约好自己随后带家眷从南门出城与他会合。但王仙客一直等到日落，也没有等来刘震一家，他按捺不住焦虑的心情，于是骑马来到南门，向守门人打听是否看见刘震。守门人说："午后见到刘震带着家眷要出此门，守门人不敢放他出去。这时远处有叛军追来，刘震于是乘车向北而去。"从此，王仙客与刘震一家失去了联系。

据此专家认为，当时面对一场突如其来的兵变，谁也不知道它将来的后

◀ 正是因为遗宝中有着这些标明时间出处的庸调银饼，再结合其他发现、考证，专家们开始将寻找埋宝主人的目光聚焦在有“近水楼台”之便的唐德宗时尚书租庸使刘震的身上

果如何。于是，有权力处置大批财宝的租庸使刘震先派人把金银财宝20驮转移出城，然后把一些比较名贵、轻便的装在两个陶瓮和一个银罐里准备亲自携带逃跑。但他并没有能够逃出城去，在前有阻拦后有追兵的情况下只好带着这些宝贝又返回到兴化坊自己的家里，匆匆忙忙地把这批东西埋藏起来了……

不久，兵变被平定。因有人向朝廷揭发刘震在兵乱中投降了叛军，刘震夫妻双双被朝廷处死了。于是，这批珍贵的财宝也就随着他们的去世而沉睡地下，从此再也无人知晓。

但是，科学是讲究实证的，容不得半点“想当然”。尽管上述结论丝丝入扣、合情合理，但毕竟许多关键的环节都是建立在推测的基础上，而许多关于何家村遗宝的秘密或许早已随着时光的流逝被尘封起来。因此，自从何家村遗宝被发现以来，许多考古学家和历史学家对它的研究和探索不仅始终没有中断过，而且这种努力会一直继续下去。

在辽阔的草原上，矗立着一张张朴实的面孔。它们历经风霜雪雨，见证了大草原的风云变幻。它们没有国界的区分，不受高山和湖泊的阻隔，成为北方草原上一道独特的风景线。

通天石人

最初学术界倾向于认为，草原石人应该是突厥人的遗存，但不同种类石人之间的巨大差异，又动摇了这个结论。阿勒泰地区的切木尔切克古墓葬群的发现，为人们提供了另一个寻找答案的机会。

对于古代的游牧民族来说，无论是墓地石人还是随葬石人，都具有灵魂保护的含义。其根源是对石头本身的崇拜，认为石头具有通灵的作用。因此，石碓墓普遍存在于亚洲草原上，甚至在民族差异巨大的、相聚甚远的不同地理位置，也会出现极为相似的石碓墓，这很可能是源于对死亡的相同认识。而这种精神领域的共同性源于同一种原始宗教——萨满。亚洲北部的许多民族曾经普遍信仰过萨满教。萨满教崇尚大自然，认为万物有灵，并没有统一的崇拜偶像和宗教规则。因此，居住在高山和草原上的民族会对山

萨满（萨满教）：近存晚期原始宗教的一种。曾广泛流传于中国东北到西北边疆地区操阿尔泰语系满—通古斯、蒙古、突厥语族的许多民族中。通古斯语称巫师为萨满，故得此称谓。中国南宋徐梦莘所撰《三朝北盟会编》中，已用“珊蛮”一词，记述了女真人信奉的萨满教。该教具有较复杂的灵魂观念，在万物有灵的信念支配下，以崇奉氏族或部落的祖灵为主，兼有自然崇拜和图腾崇拜的内容。

石、天地进行顶礼膜拜。

在石人存在的2000多年中，草原上的民族频繁发生战争、迁徙和融合，所以石人研究中的很多问题至今无法解释。现在，矗立在草原上的石人已经成为一道风景线，成为一种神秘主义的象征。

一、没有国界的风景

阿米娜是一位牧民，她的家住在阿尔泰山脚下一片辽阔的荒原上。与其他牧民不同的是，阿米娜全家人都不放牧，而是常年守护着山坡上一堆黑色的巨石。这些石头被当地牧民称作来自天上的神物。更为奇特的是，在一块独立的石头上还刻有人的面孔。它在陪伴着这堆黑色巨石的同时，也掩藏着阿尔泰山下一个久远的秘密。

自从一条公路从阿米娜家门前修过之后，被黑色巨石吸引的路人也越来越多。通常，阿米娜会为他们准备一个小铁锤，因为黑石头能敲击出悦耳的音符。收取参观门票成为阿米娜全家的经济来源，她也努力搜集关于黑石头来历的说法，以给游人一个满意的解答。

阿米娜称那是"陨石的传说"。

尽管这些黑石头的质地很像铁陨石，但实际上并没有人看见它们从天而降，也没有任何历史资料的记载。

王明哲是一位在新疆从事了近40年考古工作的专家。对于这堆黑石头，他和同事有一些初步的看法。

阿尔泰山：斜跨中国、哈萨克斯坦、俄罗斯、蒙古国境，绵延2000余千米；中国境内的阿尔泰山属中段南坡。北部的最高峰为友谊峰。山地轮廓呈块状和层状，除沿北西向断裂作串珠状分布有断陷盆地外，还无大型纵向谷地；阿尔泰山堪称典型的断块山。

陨石：从宇宙空间降落到地面并保持其原始特征的固态物体。陨石含有最古老的太阳系物质，记载了太阳和银河系效应，借此可获得有关地球、其他行星、卫星、小行星及太阳成因，演化和化学组成的资料。

闪长岩：全晶质中性深成岩。主要由斜长石和一种或几种暗色矿物组成。以前，对闪长岩的划分标准分歧较大，至20世纪初基本一致：以斜长石的牌号An50为界，小于An50称闪长岩。闪长岩一般呈半自形粒状结构，有时为斑状结构。常呈块状构造。

王明哲认为可能不是陨石。

经过相关专家的进一步分析认定，这可能是一种叫闪长岩的含金属量很高的石头。作为考古专家，真正吸引住王明哲的其实是角落上那块刻有人脸的石人。正是这张质朴的面孔，见证了亚欧大草原几千年来的风云变幻。

其实，在阿米娜家周围的黑石堆中，原本并不止一个石人。

阿米娜称原来有 4 个。

离阿米娜家不远的公路边上，还有很多地方都埋着黑石头，其中有的石头上也隐约能辨别出简陋的人形。有的是两副憨态可掬的面孔，仿佛一对怡然自乐的夫妻；而有的石头上则刻着一头羊，映衬出一种和谐简约的生活。

沿着阿尔泰山继续往北前行，在喀纳斯风景区一个叫阿贡盖提草原的地方，也有十几座石人矗立在旷野之中。它们有的已被风雨剥蚀，仅留下一个石柱；有的已断裂倒地，身首不全。但不难发现，它们的石质和形态与阿米娜家周围的石人截然不同，很早以前，石人的存在和它们的差异就引起了人们的注意。

王明哲称是清朝徐松发现石人的。

徐松发现的石人位于天山腹地，这说明石人并非仅仅阿尔泰山才有。从 20 世纪初开始，国内外学者就开始关注这个问题。除了新疆的天山和阿尔泰山，向东与之相连的蒙古国、南西伯利亚草原以及我国的内蒙古部分地区，向西穿越中亚腹地，一直到里海和黑海沿岸都存在着石人。如果在地图上将这些石人的分布由东向西连接起来，则会出现一条贯穿欧亚大陆的通道，而这条通道正是令无数学者痴迷的草原大通道。游牧民族的马蹄在这条大道上奔驰，他们可能出生在一个地方，长在一个地方，而死又在另一个地方。他们沟通贸易、发动战争，生前轰轰烈烈，死后

喀纳斯风景区（喀纳斯综合自然景观保护区）：位于新疆最北部阿尔泰山南坡，布尔津与哈巴河两县境内。山体呈阶梯式，垂直景观明显。区内生物为中国西部保存较完整的西伯利亚区系，与东北大兴安岭遥相呼应，植物垂直结构与中亚山地类似。被誉为新疆的九寨沟。

徐松（1781—1848）：中国清朝地理学家，字星伯。从《永乐大典》中辑出《宋会要辑稿》（500 卷），撰写《唐两京城坊考》。嘉庆十五年（1810）被谪戍新疆，得机考察新疆各地，撰《西域水道记》（5 卷）、《汉书西域传补注》（2 卷）、《新疆识略》（12 卷）等。

悄无声息，留给后人的便是这沉默不语的石人。

由于现在生活在石人地区的民族，如哈萨克、维吾尔、蒙古族等都没有立石人的习俗，因此石人的族属必须到古代民族中去寻找。在中国北方草原，曾先后生活过鬼方、塞种、匈奴、突厥、回鹘、蒙古等游牧民族，这些民族长期处在频繁的迁徙和战争之中，“谁才是这些草原石人的主人”成了人们需要思考的一个问题。从黑石头背后的土堆看，很明显是一座坟墓，墓的四周被石头所包围。而阿米娜家周围的黑石头也正立于一个大土堆旁，并且在石人身边还单独有一个石头圈子。因此，专家们首先想到从石人身后的墓葬来寻找证明石人身份的直接证据。

回鹘： 中国古代北方与西北操突厥语的民族之一；亦为建立于漠北的游牧汗国名。北魏时为高车或铁勒诸部之一，作袁纥，隋朝作韦纥及乌护，唐初名回（迴）纥，又作乌纥，788年更名为回鹘。取“回旋轻捷如鹘”之意。

在阿贡盖提草原上的石人，虽然排列得错落有致，但经过调查之后，专家们发现这些石人是从不同的地方挪移过来的，它们已经失去了和各自墓葬的关系。布尔津县文管所的工作人员经常去野外收集石人，对于石人的遭遇，所长再努尔深有感触。

再努尔称，石人是从老乡家来的。

能够从牧民家来到文管所，也算是幸运的结局。但石人一旦失去了和自己墓主人的联系，就失去了灵魂，成为一块普普通通的石头。不幸的是，这正是许多草原石人最后的结局。寻找关系保存完好的石人和墓葬成为问题的关键，但这种情况并不多见。同时，出于文物保护的需要，专家们一般只进行抢救性挖掘，只清理那些被盗和被破坏过的墓葬。

由于游牧民族的葬俗原本就很简单，从这种被破坏的墓穴中就更难找到直接的证据。一时间，鉴定石人身份的问题遇到了很大困难。在野外寻找考古证据的同时，专家们也把目光投入到历史资料当中。亚欧草原的游牧民族，曾几度改写世界历史的进程，但只有在周边地区的史料中能够偶尔见到相关的记载。《周书·突厥传》中记载，突厥人死后要“于墓所立石建标”。

这说明，古代突厥人有在墓地立石的风俗。但问题仍然存在，这个“石”是指石人，还是仅仅指石块？因为新疆草原上有很多古墓，包括现代一些民族的墓葬都存在石块垒砌的情况。例如，哈萨克家族的墓葬群，单个的墓葬都是由石块堆砌的，在主墓葬的围墙外还有一块立着的石柱。在《隋书·突厥传》中也有突厥人尚武好战，死后要“图画死者形仪及其生时所经战阵之状”的记载。或许，人们可以就此推断，墓地立石之上刻画的正是墓主人自己的光辉形象。

《周书》：北魏分裂后，一部分鲜卑贵族在长安（今陕西省西安市）建立了政权，史称西魏（535—557）。后来，西魏的鲜卑族宇文氏贵族夺取了拓跋氏的皇位，建周皇朝，史称北周（557—581）。专记西魏、北周史事的“正史”是《周书》。共50卷，唐初令狐德棻等撰。成书于贞观十年（636）。其编纂特色有三：体例特殊；视野开阔；文笔简劲。

《隋书》：贞观三年（629），唐朝重修五朝史，由魏征“总知其务”，并主编《隋书》。共85卷，由多人共同编撰，分为两阶段成书，从草创到全部修完共历时35年。在魏征的主持下，史传较少曲笔，不为尊者讳；并提出“以古为镜，可以见兴替”的观点。

王明哲称，确定是突厥石人。

突厥是历史上的一个游牧民族。在强盛时期，曾征服过亚洲草原上的许多游牧部落。20世纪中叶，在蒙古国挖掘了一系列立有石人的古墓葬，墓中出土的碑文上也明确记载这正是突厥贵族的墓葬。在突厥人兴盛时期，其文化直接影响了其他游牧民族。其实，近代哈萨克人的一些部落用石块砌墓的风俗正来源于此。只是由于哈萨克人后来接受了伊斯兰教，而伊斯兰教是无偶像崇拜的，所以刻画人形已被禁止，代之以更加抽象的石块。在阿勒泰市文管所里，有几尊石像被认为是比较典型的突厥石人。其中一尊石人高鼻深目，留着浓密的胡须。尤其引人注目的是它右手执杯，左手握剑。

王明哲称，突厥石人是武士型石人。

武士型石人广泛地存在于亚洲草原上，王明哲认为，位于温泉的阿尔卡特石人是武士形石人的典范。它们的共同特点是一手握剑，一手执杯。石人中有的雕琢细腻，不仅刻出了刀鞘和挂件，还雕出了披氅的衣领；有的则简而化之，仅以阴刻的方式勾勒出双臂的轮廓；有的脸型是很明显的蒙古人种；

▲ 唐朝突厥石人像：位于阿尔卡特草原，石人圆脸大目，八字胡须，腰系宽带，右手持杯，左手持刀

有的则显出欧罗巴人种的特点，这说明所谓的突厥人可能也是由不同民族组成的联合体。石人之所以握剑，很可能就是由于突厥人有尚武的风俗。至于为何总会在另一只手中托着一个杯子，有一种观点认为是权力的象征。

另外，还有一种解释认为杯子的含义仅仅就是酒杯，石人代表的就是死者本人，它也和活着的人一样，正在参加追悼自己的丰盛酒宴。所以，石人应该具有通灵的作用，即使人死之后，他的灵魂也会依附在石人身上，只要石人不倒，他的灵魂就不会消失。正因为石人延续了一个人的生命，所以在敌人的眼中依然是要被征服的对象。在布尔津县文管所里有一具倒在地上的石人，呈现出一种奇特的形态。

再努尔称之为双头石人。

对于双头石人的一种解释是：当本部落的首领死后，族人会将敌对部落的墓地石人破坏掉，然后刻上自己人的形象，表示对敌人永远的征服。

武士形石人很好地吻合了突厥人的一些生活习性，但所发现的石人远远不止这一种类型。有的石人神态谦和，头上还挽着高高的发髻似乎是一个女性；有的石人鼻子粗大，眼睛细小，还留着一个尖尖的秃顶；还有的石人双手抚在胸前，脖子上和头上还裹着一个奇特的饰物。有一种观点认为，石人的差异只是社会中不同阶层的表现，但某些差异却是根本性的。尤其在阿米娜家周围的黑石头人像，它们的选材十分特殊，雕刻也具有简单的程式化，似乎来自更远古的年代。

渐渐地，黑石头石人在突厥石人的论断中突显出来。20世纪60年代，考

▲ 唐朝石人像：位于吉木萨尔县泉子街地区，高 1.16 米，石人像高鼻隆起，山羊胡下垂，唇髭上翘，戴耳环

▲ 唐朝石人像及墓葬：位于和静县，高约 1 米，仅刻出头部，距石人像 20 米远处有封冢一座

古学家发现荒原深处有一大片古墓葬群，这一墓葬群根据地名被称作切木尔切克墓葬群。这里的墓葬和石人形态比较复杂，远不是突厥石人那么简单，墓葬形式多样化。

切木尔切克墓葬群是一处比较典型的墓葬，墓的四周由花岗岩石板砌成，有 5 尊石人立于墓的东面，由南向北一字排开。石人都是由黑色岩石雕成，有些地方因糊上泥水而发黄。石人的脸廓和眼睛都呈圆形，面颊上还刻有三角状饰纹，整个表情显得质朴谦和。仔细观察，石人的颈部还有一些装饰性条纹。中间的一尊石人脸部缺失，双手抱在胸前，可以依稀辨别出它的右手握着一把镰刀。在它左边的石人被认为是一个女性石人，因为其他 4 尊石人的嘴唇上都刻有胡须，唯独这尊没有。出现女性石人和手握镰刀的样式，这是突厥石人所没有的典型差异。如果这些石人不是突厥人留下的，它们的主人又会是谁呢？石人身后的墓葬成为解答问题的关键，所有的秘密只有到黄土下面去寻找。

二、石人通灵

切木尔切克墓地被证实是一个大的古墓葬群，由于游牧民族的埋葬很简单，加上许多墓被盗过，所以墓穴打开之后，陪葬物都很少，尸骨也很凌乱。

王明哲称时代背景不单纯。

这一现象说明切木尔切克古墓葬群是不同年代墓葬的组合。在出土文物里，有一类陶罐引起了专家们的注意。这种陶罐呈橄榄形，上面雕刻着水波样的弧线纹。

王明哲称这是卡拉苏克文化的遗存。

通过比较，专家们认为切木尔切克出土的一些文物属于卡拉苏克文化的范畴。而突厥人生活于隋唐时期，它们之间至少有上千年的差距，肯定不可能是突厥人的遗存。这一论断在石人研究问题上具有划时代的意义。

在中国早期古籍《庄子·逍遥游》中，记述有一极北之国被称为“穷发国”，同时古希腊历史学家希罗多德在其著作《历史》中说，阿尔泰山下居住着一种“秃头人”，“秃头”“穷发”很可能就是指某个民族不留发辫的习俗，意思相近，不谋而合。这些黑石头石人，它们圆形的头顶上没有任何发饰，是否正显示了它们民族的一个特征呢？希罗多德的著作中还说：秃头人长着“狮子鼻和巨大下腭”，而这些石人的嘴部和下颚的确有较大的空间，在阿尔泰山另一处发现的一个名叫萨木特的石人，这种蒙古人种的脸型表现得尤为突出。

希罗多德（约公元前480—前425）：古希腊地理学家、历史学家。写成9卷的《历史》（又称《希腊波斯战争史》），其中包含丰富的地理内容。认为全部历史都必须用地理观点来研究，而一切地理也必须用历史观点来研究。

非常有意思的是，希罗多德说秃头人在山中看守着黄金，而阿尔泰山的确自古以来就是金矿。学术界所说的草原丝绸之路，4000多年以前就已存在。那时人们交易的商品不可能是丝绸，除了一些生活用品之外，最有可能的就是黄金。所以，草原丝绸之路又被称为黄金大道。

从阿尔泰山下不同年代的墓葬挖掘来看，贵族陪葬物中大都有黄金制品，所以直到今天阿尔泰山依然有“金山”一称。从生态环境的特点来看，阿尔泰山附近存在着农业耕种的可能性，不排除出现过原始的农业文明，这就是为什么石人手中会拿镰刀的原因。镰刀是他们最常用的劳动工具，只不过后来大范围的游牧文明改变了他们的生存方式。

把新疆早期石人都归结为所谓“秃头人”的遗留物，也许过于简单了。中外古籍中对新疆青铜时期的居民称谓多种多样。在西方史料中，曾把亚欧草原的一些早期游牧部落称作斯基泰人。国内部分学者认为，这正是中国先秦史料中提到的塞人，他们也活动在阿尔泰山、天山一带。塞人和秃头人又有何关系？

在新疆呼图壁县的天山深处，有一个叫康家石门子的地方，石门子重叠的山峦之中有一块赫然屹立的峭壁，峭壁由红色砂岩层层叠加而成。令人惊奇的是，在其底部有一幅面积达100多平方米的岩画。据考证，这是一幅在世界上都很罕见的生殖崇拜岩画，而它的创作者正是3000多年前在此游牧的塞人。

岩画的主要内容表现的是男女交媾，这反映出当时塞人在严酷的自然环境下，为壮大自己的部落而祈求繁衍的强烈愿望。更为重要的信息是，岩画上的人物大都体态修长、高鼻深目，具有某些欧罗巴人种的特点。这似乎说明塞人和秃头人并不是一个民族。

在布尔津县文管所里还收藏着两个奇特的小型石人，它们是在3000多年前的古墓葬里作为陪葬品而出现的。淡黄色的石人高鼻深目，和康家石门子岩画上的人种非常相似。石人只雕刻出头像而留有长柄，轮廓已非常光滑，说明在下葬前经过反复的摩挲，或许它们正是死者生前形影不离的信物。如果墓地石人的作用是纪念死者、沟通天地，那么，随葬石人意义何在？

王明哲认为是辟邪的作用。

无论是墓地石人还是随葬石人，都具有灵魂保护的含义，其根源就是对石头本身的崇拜，认为石头具有通灵的作用，所以也就会在阿尔泰山下出现数量众多的石碓墓。经过千年的风吹雨打，石碓上已经杂草丛生，有的墓葬呈家族形态，好几个石碓连成一片，在阿尔泰山中一个叫三道海子的地方，有一个巨型石碓高达20余米，远远望去，谓为壮观。在这些石碓的周围，还可以看到半隐半现的散石，其实它们是围绕着石碓的同心圆，圆圈和石碓由放射状的线条连接，它们构成的图形只有站在制高点才能看得清楚。

石碓墓普遍存在于亚洲草原上，甚至在中国吉林省长白山一带，高句丽王陵的早期形态也是如此，只不过由于当地石质的不同，石碓的颜色显得不一样而已。虽然地理位置和民族差异如此之大，但墓葬却惊人相似。这很可能源于他们对死亡的认识相同，而这种精神领域的共同性正来源于同一种原始宗教——萨满。亚洲北部的许多民族曾经普遍信仰过萨满教，萨满教崇尚大自然，认为万物有灵，因此并没有统一的崇拜偶像和宗教规则。居住在高山和草原上的民族，自然对山石、天地进行顶礼膜拜。

▲ 唐朝突厥石人像：位于昭苏县草原，高2.3米，双手交叉胸前，头后发辫垂至腰下，身下刻有突厥文，身后有墓葬

在阿尔泰山深处有一个叫唐巴勒塔斯的村庄，村中巨大的山岩之上有一个洞穴，牧民们一次偶然的经历，发现了洞穴的岩壁上画满了奇异的红色符号。唐巴勒彩绘被认为是原始萨满教的遗存，有一类符号尤其引人注目，它像一个草帽，长着三只眼，专家们猜测，它不是冥冥之中的神灵，就是沟通人神的萨满巫师的形象。

可以想象，唐巴勒洞窟中正是有巫师作法，而洞窟之下的山坡上，成百上千的氏族成员则在翘首期盼。这是一个非常理想的宗教集会场所，从山顶望下去，山坡上正遗留有石碓墓的痕迹。对山石的崇拜自然会反映到丧葬风俗上，游牧民族普遍认为人死之后，灵魂可以升天，而搭乘升天的阶梯便是可以通灵的石头，将死者刻画在石头上的人像，那便是通天石人。

一种观点认为，立有石人的墓葬并不仅仅是死者的坟墓，可能还是部落的祭祀场所，一些专门用于祭祀的神物在墓葬周围也有所发现。在某些墓地上，可能和石人并排或单独存在着一种奇特的石柱。出于保护的需要，它们大多被收藏在博物馆里，石柱上雕刻的基本都是鹿形图案，因此就被叫作鹿石。

鹿石立于旷野之上，很显然有沟通天地神灵的意思。但令人不解的是，与游牧民族长相为伴的动物应该是牛、马、羊，为什么却要选择鹿?

王明哲认为鹿有奔腾之意。

体态轻盈、奔跑迅速的鹿成为沟通天神的最好化身。一般的鹿石都分为三部分，最上面刻有一个圆，显然这是太阳的意思，紧接着是一条点线，它或者指地平线，或者指草原上的栅栏，而下面便是向上奔跑的鹿群。鹿石上的鹿群具有抽象化的美感。更为奇特的是，所有的鹿嘴都被拉成了细长的鸟喙，这种鹿身鸟喙的造型为神灵安上了翅膀。

学术界认为，虽然鹿石和石人有并存的年代，但相对来说，鹿石要早于石人出现，而且很可能就是石人的前身。这是一种被称为非典型的鹿石，因为石柱上只有一些抽象的符号，这些符号分为三部分，上面是三道斜线，中间是一些小圆圈，下面是一把剑。是否可以这样理解，斜线意味着五官或者人脸，小圆圈则是脖子上的项链，而剑代表的部位正是下半身，这三部分代表的恰好是一个抽象的人体。

▲ 昭苏县草原上唐朝突厥石人像上的石刻文字

石人通灵的作用不可置疑，它们最早出现的年代也被确定在公元前 1000 年左右。随之而来的问题是石人在何时消失？突厥石人是否是最后的终结者？学术界较一致的看法是，突厥石人之后，石人文化的确开始急速衰退，随着伊斯兰教在草原地带的广泛传播，石人便彻底消失了，因为伊斯兰教无偶像崇拜，刻画人形已被禁止，这个时间的下限大约在11世纪。

在石人衰退期间，石人选材和雕刻逐渐趋于简陋。在阿勒泰市文管所里有两尊石人可能年代较晚。第一尊身材高大，五官细小，头饰发髻，刻画的似乎是一位女性。第二尊以浮雕形式刻出脸型，其余的仅以阴刻方式勾勒出轮廓。在阿贡盖提草原上也有一尊晚期石人，在一块不加修整的石柱上，有一个简陋的人脸，而随着风雨的侵蚀，它正逐渐消失于历史的风尘之中。

王明哲认为简易型石人很难断代。

在石人存在的2000多年中，草原上的民族频繁发生战争、迁徙和融合，所以石人研究中的很多问题至今无法解释。

新疆博物馆的年轻研究员张晖提出一个大胆的猜想，他认为石人及其相关遗迹正是古代人类对外星文明的记录。对此，张晖也列举了自己的证据。在倒地断裂的石人背上刻着两个奇特的物体，它的线条类似于一个现代机械。另一个高大的石人，它的头上戴着一个类似太空帽的东西，而脖子上重叠的线条正是太空服形成的褶皱，这或许是一个穿着太空服的外星人的形象。通过对石碓墓所做的大量统计分析，他发现，从高空俯视石碓墓，它们的形状恰好与传说中外星人的遗留物——麦田怪圈吻合。至于鹿石，张晖认为刻画的正是外星飞船虐杀地球动物的情景。据说有外星飞船降临地球，通过巨大的吸引力将地面上的动物吸上天空。而鹿石上的鹿群不正在奔向上方，鹿嘴也恰是因巨大的吸引力而被拉长了吗？

张晖的观点一出，令学术界一片惊讶，但对一般人而言，这仍不失是一个令人兴奋的想法。毕竟，当城市里疲惫的游客来到草原、来到戈壁，去寻找石人踪影的时候，字斟句酌的历史考证已不再重要，如同石人曾被古代先民看作自己灵魂的守护神一样，它也成为现代人的精神归宿。

5世纪的华夏大地，正经历着一个风雨飘摇的动荡年代。中原的北魏统治者对佛教的极度推崇，使中国佛教建筑达到了空前规模，从而也造就了堪称奇迹的一座震惊世界的巨大佛塔。

通天之塔

▲ 想象中的永宁寺塔

1000多年前，东魏官员杨炫之写了一本前朝都城的传记——《洛阳伽蓝记》。

这本书是中国历史上第一部完整记录中国佛教遗迹的史书。

这部书，使我们穿越时空，去感受那座曾经笼罩在浓厚佛教氛围中的都城——洛阳。

被誉为华夏文明发祥地之一的洛阳，位于河南省中部。据不完全统计，从夏朝开始，曾有12个朝代在此建立都城。

今天，在洛阳市区及周围，有很多历代王朝遗留下来的宫殿遗址和帝王陵墓。

白马寺就坐落在洛阳市东郊一片长林古木之中。这座2000多年前建造在邙山、洛水之间的寺院，现在香火依旧旺盛。吸引着来自世界各地

洛阳白马寺：中国第一古刹，世界著名伽蓝，佛教传入我国后官办的第一座寺院，被中外佛教界誉为“释源”“祖庭”。创建于东汉永平十一年。史书记载，汉使及印度二高僧迦叶摩腾、竺法兰以白马驮载佛经、佛像抵洛，汉明帝躬亲迎奉。为铭记白马驮经之功，因而汉明帝赐名白马寺。

▲ 洛阳白马寺

的信众与游客，到此观摩朝拜。

白马寺是佛教传入中国后，由官方营建的第一座寺院。

从白马寺始，我国僧院便通称为寺。白马寺因此也被认为是我国佛教的发源地。历代中国高僧以至外国名僧多有来此觅经求法。白马寺又被尊为中国佛教的“祖庭”和“释源”。

在诸多佛教史籍中，对被誉为华夏第一古刹的白马寺，人们都不惜笔墨，把它放在首位着重记录。

但是，在有着浓厚佛教信息的《洛阳伽蓝记》中，白马寺却在全书的最后，被杨炫之用寥寥数字提及。这本书的第一篇，是一座叫作永宁寺的寺院。

永宁寺，又是一座什么样的寺院，怎么会让杨炫之如此重视呢?

根据杨炫之记载，永宁寺是北魏年间，最高统治者下令修建的一座皇家寺院。

那时的华夏大地，正是佛教自东汉传入中国后第一次鼎盛时期。而永宁寺中，还耸立着一座令世人瞩目的百丈宝塔。

那时也是历史上的一段分裂时期，南北双方各自为政，均称自己为正统，双方征伐不断。

游牧民族鲜卑族的北魏王朝统一了北方，势力范围遍及黄河以北的大部分地区，并定都于今天山西省大同市的平城。

定都平城后的百年间，北魏的政权不断稳固，国力日益增强。与此同时，北魏的最高统治者，对佛教的兴趣也越来越浓，北魏的王公贵族也纷纷信仰佛教，开凿石窟以示礼佛，并在平城广建寺庙。

北魏中期，于 495 年迁都地处中原的洛阳，孝文帝拓跋宏以示正统，并改姓为元。

地处南北双方前线的洛阳，已被战火损毁得破败不堪。迁都后，孝文帝在这里大兴土木。整个城池，由内而外，被划分为宫城、内城和外城三大区域。

永宁寺正是在孝文帝最初准备营建洛阳宫时，就计划修建的一座皇家寺院。

中国社会科学院考古研究所研究员钱国祥说，从文献记载了解到，这个寺院繁华惊人，考古发掘也印证，寺院的规模、布局，都是首创。

魏孝文帝：拓跋宏，北魏王朝的第六位皇帝，杰出的政治家、改革家。亲政后推行了一系列改革措施，包括迁都洛阳，改鲜卑姓氏为汉姓，参照南朝典章制度制定官制朝仪等，对各族人民的融合和各族的发展起到了积极作用。汉化改革使鲜卑经济、文化、社会、政治、军事等方面大力发展，缓解了民族隔阂，史称“孝文帝中兴”。

但是，这座震惊后人的皇家寺院，并非孝文帝完成。

499 年，孝文帝迁都 5 年后突然去世。但是 15 年后，一个或许连孝文帝

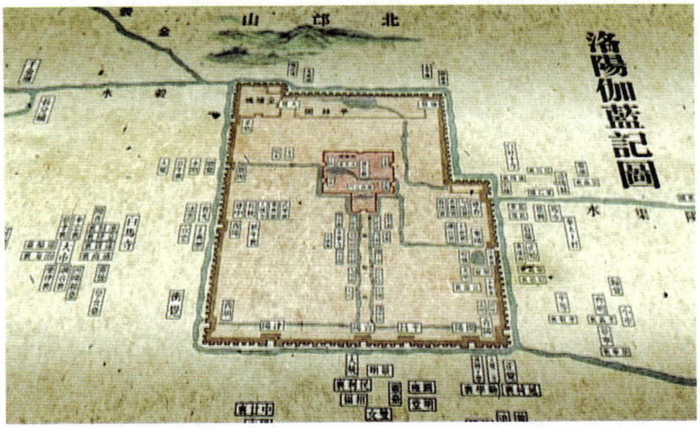

▲ 北魏洛阳宫城、内城、外城三大区域图

都没有想到的人，完成了他的遗愿。而佛教此时在洛阳的发展，也远远超出了他的最初设想。

唐朝著名诗人杜牧，曾在描写南朝建康城佛教兴盛的著名诗篇——《江南春》中写道：“千里莺啼绿映红，水村山郭酒旗风。南朝四百八十寺，多少楼台烟雨中”。

杜牧的这首诗，让我们感受到，建康城内寺院林立，烟雾缭绕的佛教盛况。

其实，杜牧不知道，在当时的北方都城洛阳，已经不仅仅只有孝文帝早期规划的一座永宁寺。

到534年，北魏洛阳城内佛寺的数量，从518年的500多座，激增到1367座。短短16年间，数量增加了一倍多，全国僧尼人数达200万人以上。

城内寺院数量超出了同期南朝都城建康的数倍。其中，最为瞩目的，便是那座皇家寺院中的百丈宝塔。

1962年，中国社会科学院考古研究所组建考古队，开始对洛阳进行考古工作。走访中了解到，这里遗留到现在的，更多的是众多帝王的陵墓。并没有大型建筑的基础。

传说中耸入天际的那座百丈宝塔会在哪里呢？

1979年，考古队对洛阳城再次进行考古发掘。

一天，考古队员来到20世纪60年代确定的永宁寺塔塔基遗址。当队员们准备清理发掘时，却发现在遗址上的土堆旁，有一个刻有“汉质帝”的石碑。

难道这里并不是永宁寺塔塔基的遗址，而是一座皇陵？带着这个疑问，考古队决定，先对土堆的四周做初步勘察。

勘察的结果让队员们大吃一惊。在这个“静陵”周围的地表下面，有一个1万平方米，深6米的巨大夯土层。而土堆所处的位置，是这个巨大夯土层的中心。

在土堆内部，有一个篮球场大小、近40米见方、由土坯砌筑而成的正方形土台。土台的土坯，排列十分规则，土坯之间，非常紧密、整齐。

考古队员认为这里根本不是皇陵，而是一个巨大建筑的基础。

钱国祥认为这是一个不多见的建筑。基础这么大，它的承重量应该非常大。

中国社会科学院考古研究所研究员杨鸿勋说，我们从建筑史上知道，古代建高塔的时候，塔基地下会先做一个大的基础，这个基础很厚，范围比较大。基础上地面再做小，先建塔的台基，再建塔。

由此看来，60 年代考古队所确定的遗址位置并没有错。

事实上，《洛阳伽蓝记》开篇记载中，就明确指出了永宁寺的位置，并详细描述了整座寺院的规模与奢华。

这座皇家寺院，建造得与当时的皇宫极为相似，寺院的四面院墙，都有如同宫城大门一样的山门。寺中的大殿，更是建造得如同宫殿一样宏伟，寺院仅僧房就有 1000 多间。

但是，整个寺院最为世人惊叹的，是寺中那座堪称奇迹的百丈宝塔。

515 年，北魏宣武帝元恪病逝。时年 6 岁的元诩，被大臣拥立为帝，就是后人称为肃宗的孝明帝。而他的母亲胡氏，就是创造了佛教史上奇迹，被后人称为灵太后的胡崇华。

由于孝明帝年幼，无法治理朝政，胡崇华临朝称制。这也促成了这个极度热衷于佛教的女人，日后在洛阳大建佛寺。

被尊为皇太后的胡崇华，初临殿堂不久，便改令称诏，群臣上书言必称陛下，她也自称为朕，将北魏王朝的大权，揽于自己一人之手。

同时，一心崇佛的她，借口完成先帝未了心愿，开始兴建永宁寺这项浩大工程。北魏极盛的佛教香火，吸引了西域等许多国家和地区的僧人来到洛阳。面对这样的盛况，皇太后胡崇华甚至下令修建了专供各国使节及商人使用的四夷馆。

相传，被誉为中国禅宗始祖的菩提达摩，在受师父般若多罗指点后，前来中国弘扬佛法。当他千里迢迢来到洛阳，见到永宁宝塔后，当即双掌合十，

菩提达摩：意译为觉法，中国禅宗的始祖，因而中国的禅宗又称达摩宗。他生于南天竺，自印度航海来到广州，再北行至北魏，到处以禅法教人。据说他在洛阳看见永宁寺宝塔时，自称已经有150岁。达摩在中国始传禅宗，后来禅宗成为中国佛教最大宗门。

口念南无。

中国社会科学院历史研究所研究员楼劲介绍，胡崇华把永宁寺和永宁寺塔造得如此壮观、奢华，是寄托了一定的政治用意，有南北竞争之意。

对于塔的高度，翻阅古籍发现，记载虽不多见，却有着巨大的悬殊。

《洛阳伽蓝记》中对塔的高度记载是："举高九十丈。上有金刹，复高十丈，合去地一千尺，折合一百丈"。而中国早期的著名地理著作，《水经注》中对塔高的记载则是："自金露盘下至地四十九丈"，只有前者的一半。

▲《洛阳伽蓝记》对永宁寺塔高的记载

▲《水经注》对永宁寺塔高的记载

我们如果根据塔高百丈进行换算，它的高度应该是330多米，即使根据水经注的记载，它的高度也达到163米。

哪一个才是它真正的高度呢？

杨鸿勋分析说，北魏的尺度我们知道可以分为前尺、中尺和后尺，一个比一个大，前尺最小。北魏最小的尺相当于现在米制的28厘米多一点，将近

29 厘米。

根据这个数据，杨鸿勋对记载中的各种高度，进行换算对比后发现，《水经注》的记载：塔基 14 丈，应该是现在的 39 米，这与现存遗址宽度 38.2 米，相差只有 0.8 米，数值非常接近。

通过计算，杨鸿勋最后得出，永宁寺塔塔身的高度应该是 133.7 米，再加上塔刹的高度，它的总高度应该是 147 米。

▲ 应县木塔

如果这是真的，那么，在它之后 500 年建造、高 67 米的现存世界最高木塔——山西应县木塔，高度只有它的一半。

但是，杨炫之为什么会在《洛阳伽蓝记》中记为百丈呢？

杨鸿勋说，我想他记错了，他是一个文人，不是建筑家，建筑知识只凭生活常识，他估计这个塔的高度时大概从第一层有一个印象，第一层很近能够估出来，甚至都可以量一下，第一层为十丈，九层就是乘以 9。他忽略了塔高是逐层减少的，塔的第一层高，第二层矮一点，第三层再矮一点，越来越矮。

据民间传说，远在洛阳 50 千米开外的地方，人们就可以看到永宁寺塔的身影。每当漫漫长夜，清风袭来，宝塔上所有的铜铃一起叮咚作响，25 千米外依然清晰可辨。

杨鸿勋对永宁寺塔做出了塔高 147 米的大胆推测。但也有人提出，永宁寺塔的高度最多不过 81 米的说法。并认为，即使加上塔基下面的夯土部分，高度也不可能达到 100 米。

那么，这座佛塔真的有 147 米高吗？

1994 年，为了揭开这个谜团，考古队对永宁寺塔塔基遗址再次进行考古发掘。这次，考古队要打开塔基遗址的内部，进行彻底的解剖式发掘。

▲ 永宁寺塔塔基遗址

随着发掘工作的一步步展开，塔基内部的结构，令考古队员们震惊。在塔基内部，由土坯垒砌而成的土台里，还有一个惊人的内部结构。

在40米见方的土台内部，规律地排列着五圈立柱，而在这五圈立柱之间，还有数百根方木与它们相互穿插，形成一个巨大的网状结构。其中部分立柱下面，还有三层巨大的青石衬垫。

杨鸿勋说，这些木柱在土基里包着，我们第一次知道还有这么一种构造方法，土木混合结构，那个横木相当于我们现在钢筋混凝土里的钢筋。为什么呢？横向是土基砌成的整体，为了增加整体抗震性，砌到一定高度，很粗大的木头就会横摆在里面，再继续砌，到一定高度又摆一层。竖向是很规整的柱网，木头的柱网砌在里面，形成一个土木混合结构的塔心。

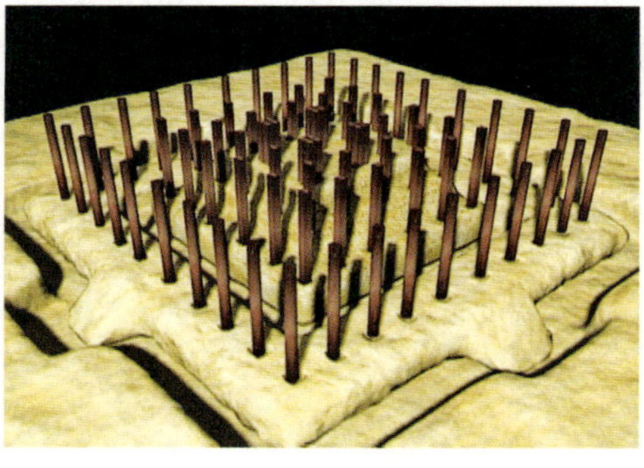

▲ 永宁寺塔塔基百根立木图

但是，此时的杨鸿勋，也发现了自己早期所犯下的一个错误。

杨鸿勋发现，自己先前所绘制的塔基平面图，和这次遗址所揭露出的情况有些出入，其中最主要的是，这个巨大土木合构的塔心内部，从第四圈开始，那个庞大的柱网，全部由土坯垒砌，并不是他早期所猜测的，只有最里面的三圈木柱。

不过，这也使杨鸿勋更加确定，永宁寺塔的高度，足以能够达到 147 米。

由土坯包砌着的数百根木柱和横梁所构成的高大墩台，就是那个土木混合结构的巨大塔心，是它支撑起了近 150 米高的整座宝塔。

但是，在那个南北相互征伐，战火频繁的年代，各朝代的命运都十分短暂，北魏的最高统治者为什么要建造这么高大的一座佛塔呢？

临朝称制的灵太后胡崇华，借口完成孝文帝遗愿，下令开始修建孝文帝在迁都之初规划建造的永宁寺。并在洛阳城南继续大力开凿石窟，以示礼佛。

与此同时，饱受战火侵扰的人们，也纷纷效仿，寻求精神慰藉，很快发展成了佛教传入中国后的第一个鼎盛时期。

北魏时期，仅在洛阳的短短几十年间，就开凿了 3 万多间石窟。

▲ 洛阳龙门石窟

楼劲说，崇佛是南北朝统治者共有的一种自发举动，民间的、官贵的和朝廷的，大家都崇佛，都想给自己多带来点儿福气，而要带来福气的办法就是开石窟或者造寺院，算是做功德，整个社会形成了这种风气。

515 年的一天，负责营建的官员呈上一个奏折，而这个奏折也促成灵太后胡崇华下定决心，大建佛塔。

奏折中写道："初掘基至黄泉下，得金像三十躯，众惑之不解。此金佛突见，乃佛祖献瑞，太平祥和之兆也。于此建塔，必保一国之兆民康乐，太平天下也。我大朝因得佛祖之庇佑，必天下一统，传之千年之远也。”

在与南朝“承传中华正统”之争的大背景下，胡崇华决定，倾国家之财力、物力，集中建筑、雕塑、佛教、文化等各方面一流人才修建此塔，并要把它修建成最宏伟、豪华的皇家首刹。以示自己对佛祖的崇敬，期望在佛祖庇佑下，北魏王朝可以得到千年传承。

▲ 永宁寺塔图

那30尊佛像，是下面的官员为了奉迎她而人为杜撰？还是真的是前人遗留？如今已无从查证。

建成后的永宁寺塔是什么样子呢？

最初兴起于印度的佛塔，相传是佛祖释迦牟尼涅槃后，弟子和信徒们，出于对佛祖的尊敬，修造了样式考究的坟墓，将舍利子藏供起来。这种坟墓在以后的岁月里，逐渐演变成今天我们所见的佛塔。佛教徒以塔为中心，绕塔建堂，作为供奉佛祖，诵经宣教的场所。

随着佛教的传播与发展，佛塔的形制逐渐多样化，功能也演变为主要用于供奉佛像，埋藏高僧骨灰、经卷以及佛门七宝等法器，所以又被人称之为宝塔。

佛教七宝：又称七珍，蓄纳了佛家净土的光明与智慧，使之成为珠宝中的灵物。不同的经书所译的七宝不尽相同。鸠摩罗什译的《阿弥陀经》所说七宝为金、银、琉璃、玻璃、砗磲、赤珠、玉髓；《般若经》所说的七宝是金、银、琉璃、珊瑚、琥珀、砗磲、玉髓。比较流行的说法是，金、银、琥珀、珊瑚、砗磲、琉璃、玉髓。

由于佛塔是佛祖的象征，其体量的大小、数量的多少代表着对佛祖的崇敬程度。随着佛教传入中国，受中国传统文化中“高台近仙”思想的影响，修建体量高大的佛塔，更接近佛教宣扬的神圣天国，也更能体现对佛祖的虔诚。从此，耸入云端的宝塔也逐渐林立在辽阔的华夏大地上。

516年，历时3年，永宁寺塔完工。整座宝塔，耗费巨大，可谓巧夺天工。

永宁寺塔每层9间，设3门6窗，涂以朱红

色油漆。每扇大门上都排列着5行鎏金铜钉，如同宫殿般庄严。塔的最顶端，是巨大的鎏金铜制宝瓶，闪烁着金色的光芒。铜瓶下面又有13重铜盘，周围都悬挂着大铜铃，塔刹连到顶盖四角的4根链条上，也挂着许多铜铃，全塔一共有5000多枚铜铃装饰。

佛塔的建成，令皇太后胡崇华大悦。作为营建者的她，在塔建成后不久，便带着7岁的孝明帝元诩，登上宝塔顶层。当她发现在这里足以把洛阳城看得一清二楚，整个皇宫更是一览无余时，便随即下令，严禁世人登临此塔。

大权在握的皇太后胡崇华，面对年幼的君王，作为母亲的天性虽然没有丢失，但是，内心的担忧在一天天加重。

北魏作为一个少数民族掌权的王朝，不仅要与中原地区的汉族保持友好关系，同时，还得防备着来自北方其他少数民族入侵。北魏王朝不得不在北方派驻重兵防范。但是，这也为政权的灭亡，埋下了危险的种子。这个种子就是掌管北方驻守部队的尔朱荣。

洛阳的皇宫内，孝明帝元诩已经慢慢长大，距离亲政的年龄越来越近。

此时的灵太后胡崇华，虽然皇权在握，但她已经明显地感觉到长大的孝明帝对权力的渴望。

不过，此时的孝明帝，势力十分单薄，无法与母亲抗衡，母子之间的嫌隙日渐加深。

524年，一直受到母亲压制的孝明帝元诩，决定密诏北方驻军统领尔朱荣，让他举兵面向都城洛阳，以此来胁迫灵太后胡崇华归政。

但是，就在尔朱荣的军队出发不久，孝明帝却又以私诏制止尔朱荣军队前行。

楼劲说，孝明帝身边的亲信纷纷被太后杀掉，他想把尔朱荣调到洛阳来解决问题。但是他鉴于历史教训，又犹豫了，让尔朱荣暂不行动。

虽然孝明帝最终决定，不让尔朱荣进城，但是，这并没有彻底打消灵太后胡崇华的疑虑。宫廷里的政治血腥，使她的人性产生了极端扭曲。

528年，胡崇华毒死了已经到了亲政年龄的儿子孝明帝。

灵太后胡崇华的所作所为，正好给尔朱荣一个有利的借口，在孝明帝被害不久，尔朱荣正式发兵洛阳。

尔朱荣的军队进入洛阳后，灵太后胡崇华的亲信四处逃窜，形单影只的她，为了保住性命，亲自落发，希望皈依佛门，为自己赎罪。

但是，这位曾经母仪天下、不可一世的灵太后，仍然被尔朱荣抛进了滔滔黄河中。

随着尔朱荣进驻洛阳，一场导致北魏土崩瓦解的内乱就此展开。这场连环诛杀，历时 6 年。期间的洛阳城，到处刀光剑影，血腥遍地，城内大部分建筑，也在连年的战火中惨遭损毁。

寓意永宁的那座九层宝塔，是否也在这场内乱中灰飞烟灭了？

汉魏洛阳故城考古队副队长钱国祥说，在查阅以往的工作记录时发现，根据 1979 年的考古记录，寺院的东、南、西 3 个门遗址已经被确定。但是，这 3 个已发现的山门遗址的位置关系图，与中国早期的寺院建筑格局并不相符。难道早期的勘察有误？

杨鸿勋说，永宁寺是一个皇家工程，质量很高，从文献记载和遗址都可以看得出来，它有一个严格的中轴线，左右对称。

根据记载，如果在寺院相对的山门之间画一条线，东西山门与南北山门之间的连线，应该是垂直相交，而它们的交汇处便是永宁寺塔。

但是，早期的勘察结果，却与记载不同。其中，寺院的西山门基址位置很有可能存在偏差。

经过考古队再次对遗址的各个建筑基址位置重新勘测定位后，很快，便找到了真正西山门遗址的准确位置。塔基的遗址正是处于两条连线垂直相交的地方。证明早期所确定的位置并不正确。

至此，1500 多年前的这座庞大寺院的地下基础完整地呈现在世人眼前。整个寺院南北长 305 米，东西宽 215 米，面积 65000 多平方米。

这座豪华的皇家寺院的精神徽章，是寺院正中的那座九层宝塔。

根据杨鸿勋的推测，这座九层宝塔的巨大土木结构中心实体，并不是由下而上整体贯穿，而是从塔基向上逐级内收，垒砌到第6层。佛塔最上面的3层，由于截面减小，就不再砌筑土坯，而只是木结构支撑。而这3层也成了整座宝塔最为薄弱的一个地方。

这座曾经耸入天际的宝塔已经消逝，是什么导致了这座佛塔的毁灭？现在已无法考证。相对于在战争中被人为损毁，我们更愿意相信杨炫之在《洛阳伽蓝记》中给出的，宝塔被雷击着火而焚毁的答案。

534年2月的一天夜里，一场大雷雨不期而至。147米高的塔刹遭受雷击，木质塔端由此被引燃，雨夜中，100多米高的寺塔如火炬般燃烧。寺中僧众却无法扑救，只能眼睁睁看着宝塔在烈焰中轰然倒塌。

宝塔从建成到毁灭，短短18年，令人为之惋惜的不是它的奢华，而是一个超越了时代的建筑作品，就这样消失在世人的眼前。

就在永宁寺塔损毁不久，北魏的衰落也随之开始，很快便和永宁寺一样，成为过眼云烟。也正是因为北魏如此之快的消亡，永宁寺塔的命运，也往往被后人与北魏王朝的命运联系在一起，而遗忘了它自身在建筑史上的地位。

一处偏僻山村，隐藏着庞大墓葬群。一把青铜剑的出土，改写了福建历史。

浦城问剑

2004年的一天，为了准备即将开始的文物普查工作，浦城县文管所召开工作会议。会议进行一半时，所长陈寅龙接到一个令他吃惊的电话。文管员报告，管九村山下自然村的石公山上，发现盗洞，陈寅龙立刻带领工作人员赶往事发现场，只见盗掘现场有个1米见方的盗洞。

由于发现及时，墓葬并没有遭到严重破坏。考古队员首先对墓葬进行了钻探，根据夯土层判断，这座墓葬可能是汉朝的。

随后，队员们又对墓葬周围进行了考察，发现了一些商周时期的印纹陶片和黑衣陶片。

商周时期的陶片为什么会在这里出现，难道只是巧合吗？根据这个线索，陈寅龙做了一个极为大胆的推测：这里很可能是一座年代更为久远的古代墓葬——土墩墓。

陈寅龙介绍说，土墩墓是在地上挖一个浅坑，用鹅卵石铺底，放入棺木、方形枕木，人字形搭盖，然后进行回填，形成一个坟包的墓葬。

土墩墓这种墓葬形式曾经在西周和春秋时期流行于长江中下游地区，但是，在福建极其罕见。如果可以确定这座墓葬是土墩墓，则意义重大。

于是，他们立即开始抢救性发掘。

考古人员随后发现了一些细节，例如墓穴比较浅，呈长方形，四周并不是十分规整，底部则是铺有一层鹅卵石——无疑，这正是土墩墓的典型特征。福建省博物院的考古专家立刻给出定论：这是一座土墩墓，可能属于春秋战国时期的墓葬。

当地老百姓说山上有一个一个的土包，一共 9 个，被叫作九节龙，就像龙灯似的一节一节的。陈寅龙到现场数了一下，的确有 9 个土墩。

这时，陈寅龙恍然大悟。原来，所谓的九节龙就是指 9 座土墩墓。随后，考古人员确定管九村一带共有 30 多座土墩墓。这个小村庄竟隐藏着如此庞大的土墩墓群，这是一个极为惊人的发现。

▲ 土墩墓出土的青铜剑

为了获得更完整的信息。考古人员在继续清理这座墓葬的同时，也开始着手周边墓葬的挖掘工作。就在发掘工作顺利进行的时候，一件意想不到的事情出现了。在这座土墩墓的底部，考古人员发现有个隐秘的盗洞。盗洞是圆形的，但不太明显，可以肯定是古代被盗的。

福建盗墓的历史，可以追溯到汉朝。公元前 110 年，汉武帝平定闽越，为了彻底消除后患，诏令将闽越举国迁往江淮内地，并焚毁闽越国的城池宫殿。从此一直到三国时期的 300 多年中，福建一直处于“真空状态”，无人管理。于是，盗墓者从四面八方涌入，一时间，闽越时期的遗址和墓葬几乎被逐一盗掘。所以闽北有一句话说“古墓十墓九空”。

越国： 古国名，姒姓，相传始祖是夏朝少康庶子无余。越国建立后，一直保持着比较落后的生活习俗，很少与中原地区发生联系。直至传到允常时，才与吴国发生了矛盾，并相互攻伐。而公元前 473 年，越灭吴后，越国的势力范围大增，一度雄踞东南，后又败于吴国。

好不容易发现的土墩墓竟然在古代就被盗了，难道，这座墓葬的发掘就这样一无所获吗？

陈寅龙有些不甘心。

这天下午，一个负责清理工作的考古人员，触到了一个坚硬的东西，觉得像是玉器。

他慢慢剔除上面的泥土，显露出的是一截手柄。通过材质可以判定，这件器物不是玉器，而是一件青铜器。

商周时期，中原已经进入了鼎盛的青铜文明，出土的这一时期青铜器不仅数量众多，品类丰富，工艺更是极为精湛。

然而，福建这一时期，不仅相关的记载少之又少，青铜器更是罕见。似乎这一时期的福建还是蛮荒之地。

福建博物院院长杨琮说，以往福建历史上认为没有一个完整的青铜时期，落后、蛮荒，没有文化。

如果管九村土墩墓中发现的的确是一件青铜器，那么，就意味着福建的历史将被改写。

▲ 福建博物院收藏的青铜剑

随着清理的进一步深入，呈现在大家眼前的竟然是一把保存完好、造型精美的青铜剑。

经过专业人员细心清理，这把青铜剑终于露出了真容，剑全长34.2厘米，宽4.7厘米，通体呈黑绿色，喇叭形圆首，两边有镂空雕刻的双耳，剑身上饰有勾连云纹和蟠夔纹。精湛的工艺令人惊叹。

管九村土墩墓的发掘还在进行，两天后，考古人员再度发现令人震惊的随葬品。

继青铜剑出土之后，考古人员在墓葬中又发现了戈、矛、刮刀和箭镞等一系列青铜兵器。

陈寅龙感觉到，这把青铜剑与大批青铜兵器的连续出现，似乎隐含着一个重大玄机。这是否预示着，先秦时期的福建同样存在着辉煌的青铜文明？

历史的缺环能否因此而弥补完整呢？

管九村位于福建省的最北部，是个群山环绕的村庄。一个偏远的村落，为什么会出现大量的青铜兵器？在那个遥远的年代，还隐藏着什么秘密？这些神秘的墓主人又是什么人呢？

在浦城发现的土墩墓中，规模最大的一座位于大王塝山顶。相传山上埋葬着一个大王，所以当地的百姓一直把这座山叫作大王塝山。

但遗憾的是，大王塝墓葬中的随葬品在古代就全部被盗。除了一具几乎完全腐化的人骨架和几颗牙齿之外，什么都没有留下。

大王塝山上的墓非常大，整个山顶就是一座墓，有 16 米长的封土堆。其余土墩墓都在山脚下，可见大王塝上的墓等级最高。

▲ 浦城大王塝墓挖掘现场

看来，大王塝的传说并非空穴来风。古人认为这里土地肥沃、河流发达，地势较平缓，对于古代农业社会的先民来说，非常适合居住。独特的地理位置自然成为他们心中一块理想的风水宝地。

浦城位于福建最北端，与浙江、江西两省相交。

在古代，从中原进入福建，必须经过浦城，所以这里自古就是要塞之地。这就不难解释，为什么会有如此大规模的土墩墓集中在浦城。但是，那些用青铜兵器做陪葬品的墓主人，又是一些什么人呢？

陈寅龙分析，墓主人应该是武官，军衔比较高。在古代，铜和金是一个等级，这么多的青铜兵器，纹饰、工艺非常精美，证明墓主人的身份等级比较高。

随后，考古人员做了进一步推测，管九村的这些土墩墓群，很有可能属于同一个部落。而大王塆山上埋葬的那位大王，则是这个部落的最高统治者。

碳-14测年法： 又称放射性碳素断代法，由美国人利比在1947年创立，此后这个方法在考古学上得到了广泛的应用。不过，碳-14测年法只能准确测出五六万年以内的出土文物，对于年代更久远的出土文物是无法测定出来的。

一把青铜剑的出现，让隐藏在历史烟云中的神秘部落浮出水面。但是，这把剑到底是什么年代的？它能否代表先秦时期的青铜文明呢？

在考古界，确定器物的年代要看绝对年代和相对年代的综合分析。绝对年代是指碳-14测定的数据，而相对年代则要靠墓葬出土的原始青瓷与陶瓷器来参照。

考古队根据墓葬的形式、碳-14测定的数据，认定青铜剑距今2900年左右，是西周时期的。

浦城出土的青铜剑，竟然改写了福建历史，它不仅填补了福建地区考古学序列中夏商周的缺环，并由此可以推测，先秦时期的福建并不是落后的蛮荒之地。这把福建文明史向前推了1000多年。这一结论震惊了中国的考古界，由此，这把青铜剑被称为福建第一剑。

▲ 青铜酒器

但是，陈寅龙又发现了一个奇怪的现象，在所有出土的青铜器物中，为什么全是兵器而没有像北方中原商朝墓葬那样出现青铜礼器呢？

夏商周时期，祭祀是一项非常重要的活动，祭祀用的礼器是必不可少的。可是在浦城的发掘过程中还没有出现过一件礼器。是被盗走了还是另有原因呢？

正当陈寅龙为此苦恼的时候，一个新的发现却又让他兴奋不已。

在一座土墩墓中，3 件精美异常的青铜器出现了。

这 3 件青铜器分别是青铜杯、青铜盘、青铜尊。每一件器物的造型都异常精美，纹饰也充满独特的魅力。它们是做什么用的呢？

陈寅龙推测，西周时期，位于管九村的这个部落已经具备相当发达的生产力，而且分工明确、各司其职。这 3 件礼器，尊是装酒的，杯是酒器，盘则用来装干肉。

在土墩墓里，又先后出土了 10 把青铜剑，其中 5 把剑柄两侧有 2 个耳朵。

这几把青铜剑虽然纹饰有所区别，但是长度与形制极为接近。那么，剑柄上的双耳有什么特殊的意义吗？

杨琮说："只有中国南方有这种剑，有很强的地域特征。我认为这是越式剑，浙江南部、福建北部有分布，属于古代越国。"

据考证，土墩墓、越式剑以及印纹硬陶都属于典型的越文化实物。这些考古材料，不仅可以证明闽越其实是同一文化，而且可以确定，他们都是百越族的一支。

史书记载，早在春秋时期，越人因一流的铸剑技术而享誉天下。湖北省的一座楚墓中就曾出土过一把轰动国内外的青铜剑——越王勾践自用剑。

在冷兵器时代，剑是百兵之首。相传春秋战国时期，著名的铸剑大师欧冶子。铸剑技术举世无双，冠绝华夏。

▲ 青铜戈

据说，在吴越争雄期间，欧冶子曾奉越王之命铸剑，所铸的就是青铜剑。3 年以后，他铸成 5 把惊天地、泣鬼神的宝剑，受到越王的奖赏。而

欧冶子：春秋战国时期越国人，龙泉宝剑的打造者，我国古代铸剑的鼻祖。欧冶子铸造的一系列赫赫青铜名剑，冠绝华夏。他发现了铜和铁性能的不同之处，冶铸出了第一把铁剑“龙渊”，也由此开创了中国冷兵器时代之先河。同时，欧冶子是历史上另一位铸剑大师干将的岳父，莫邪正是欧冶子的女儿。

《越绝书》：所记载的内容以春秋末年至战国初期吴越争霸的历史事实为主干，上溯夏禹，下迄两汉，旁及诸侯列国，对这一历史时期吴越地区的政治、经济、军事、天文、地理、历法、语言等多有所涉及，被誉为“地方志鼻祖”。

他铸剑的地方，正是离浦城不远的湛卢山。《越绝书》记载，欧冶子在湛卢山铸造了 5 把绝世好剑。分别是：纯钧、胜邪、鱼肠、巨阙和湛卢。其中，以湛卢剑最为著名。“朝士兼戎服，君王按湛卢”。在当时，湛卢剑一度成为霸业的象征。

同时，有人对欧冶子的身份，进行了另一种解读。

无论欧冶子是一个人还是一个行业，它都可以印证一件事：在历史上，闽北地区曾经有着发达的剑文化。在北方铸鼎技术不断走向巅峰的时候，闽人的铸剑技术也进入了一个炉火纯青的阶段。这也解释了浦城何以能够出土如此精美的青铜剑。

从浦城出土的西周时期的青铜剑，再到湖北楚墓中出土的春秋时期的越王剑，剑的长度、形制已经随着时代的变化有了改变，但相同的是，这些宝剑都是百越先民智慧的结晶。

至此，浦城土墩墓的发掘已全部结束，考古人员从浦城的土墩墓群中陆续发现了大批青瓷、黑衣陶器，以及 72 件青铜器。这一发现，被中国国家文物局评为“2006 年中国十大考古新发现”。

享誉天下的闽南民居古屋里，却有洋人的石雕，背后究竟隐藏着什么呢？

探秘“蒙伽利”

厦门市海沧区有一处红砖古厝建筑群落，它引起人们关注的不是它的规模和浓郁的地域色彩，而是一个十分奇特的现象。

▲ 红砖古厝建筑群落

房子的两个石柱上的石雕竟然是两个外国人，而且其中一个外国人是身穿长裙的女性。

▲ 石柱上的洋人雕像

厝：在福建方言中，厝表示具体的居住地，如普通话中的“回家”，在闽语中叫“转厝”；在福建沿海地区的地名中，也有很多带“厝”字的，比如福州的洪山梁厝等。莆田话“厝”指代房屋，比如新厝、旧厝就是新房屋、旧房屋的意思。

红砖厝是中国闽南和台湾地区独有的建筑样式，而这种建筑形式的出现却和一段民族大迁徙的历史有关。

厦门市古民居文化专家龚洁说，西晋永嘉年间，中原动荡，中原的氏族开始南迁，一直到南宋，历史上有5次大规模南迁，中原人把中原的建筑文化和闽南地域的建筑艺术融合起来，创造了红砖民居，简称红砖厝。福建有四大民居：土楼民居、土堡民居、红砖民居、灰砖民居。红砖民居在福建民居系列中，地位非常高，艺术比其他3个民居更精湛。

作为纯粹中国建筑样式之一的红砖厝上为什么会出现洋人雕像呢？

▲ 红砖厝

▲ 土楼民居

房屋的主人说，那个雕像是护院的蒙伽利。

蒙伽利是闽南话，就是外国来的看家护院的神灵。在中国传统文化中，作为护佑平安的神祇一般是凶悍的动物或家喻户晓的英雄人物以及神仙，其中最典型的就是门神。

这个房屋的主人为什么把蒙伽利作为自己看家护院的神灵呢？龚洁虽然对闽南建筑有着很深的研究，但对这个问题却从未涉猎，对他来说，同样是一个全新的学术命题。

蒙伽利现象的背后，也许隐藏着重大的玄机，揭开它的面纱，对于享誉天下的福建民居或许有着重要的意义。

年近八旬的龚洁欣然同意和记者一起探寻蒙伽利背后的秘密。

这所院落中的一位老人，介绍了建筑者的身份。老人说，他的曾祖父年轻时便离家下南洋，在越南做大米生意，最多时有10家碾米厂。光绪年间，他携资回乡，买地建房。1906年建成了主院、家庙、仆役居室、学堂各一座，形成了规模宏大的建筑群落。当地人称为莲塘别墅。至于他的祖父为什么要把蒙伽利作为保护神，他也说不清。

▲ 莲塘别墅

蒙伽利石雕的出现只是莲塘别墅的个别现象，还是大部分红砖厝都有呢？

在厦门市，同安区的历史最为悠久，在厦门市唯一的孔庙里，一块石碑引起了记者的好奇。

厦门市同安区地方文史学者叶文彬介绍说，这块碑叫铜鱼碑，还有一个金车碑，铜鱼、金车是同安古地标。同安城原来又叫铜鱼城。

铜鱼碑出土的地方，叫铜鱼池，水中3块类似游鱼的巨石叫石鱼。原来这铜鱼之名居然和宋朝的一位大儒有关。

厦门市同安区地方文史专家颜立水说，巨石形状像鱼，呈古铜色。朱熹19岁中进士，当官第一站就是到同安当主簿。南宋绍兴二十三年，也就是1153年，他把这3块大石头命名为铜鱼。

同安的历史悠久，如今的厦门市区当年只是同安的一个岛屿。

朱熹：南宋著名的理学家、思想家、哲学家、教育家、诗人、闽学派的代表人物，世称朱子，是孔子、孟子以来最杰出的弘扬儒学的大师，宋朝理学的集大成者。他的学术思想，在元朝、明朝、清朝三代，一直是封建统治阶级的官方哲学，标志着封建社会更趋完备的意识形态。而他强化了“三纲五常”的概念，对后期封建社会的变革又产生了一定的阻碍作用。

▲ 朱熹命名的铜鱼

▲ 建于明朝的红砖厝建筑群陈厝

颜立水说，同安实施县治已有1000多年的历史。原来同安管辖的范围很大，民国元年以前，同安管辖着现在的厦门市、金门县，还有漳州龙海市的一部分。

在同安区田洋村，有一处建于明朝的红砖厝。当地人把这个有近500年历史的建筑群叫陈厝。陈厝占地3000多平方米，共有99间房。

龚洁介绍说，这处红砖古厝是明朝嘉靖年间刑部侍郎陈沧江的府邸。这个房子叫三落三护厝，这种规制在厦门不太多见。

不多的原因不是因为其他人盖不起，而是来自朝廷的限制。

龚洁说，一般老百姓盖三开间；官做得大一点或者是经商富豪盖五开间；一般的小官、有钱人不能搞七开间，违反规制要受到中央政府的法律制裁。

在这组明朝建筑中，没有丝毫和洋人有关的痕迹。当地人告知，离陈厝不远的村子有一个进士第，历史也很悠久。记者欣然前往，期望在那里能够找到蒙伽利的身影。

当来到进士第时，一场乡间演出正在进行。当地人说，这叫车鼓弄。

厦门市同安区文化馆馆长袁和平介绍说，车鼓弄是这里特有的一种民俗和民间歌舞形式。因为比较容易学，在同安地区非常普及，基本每个村都有车鼓弄这种表演形式。车鼓弄主要表现夫妻相敬如宾、邻里和睦、子女孝敬、尊老敬贤这类内容。

车鼓弄内容生动活泼，风格诙谐幽默，唱词通俗易懂，深受当地民众的喜爱。

车鼓弄： 又名车鼓阵，是中国闽南一种具有浓厚地方色彩的民间娱乐形式，是一种说唱、表演合一的民间歌舞艺术。相传明朝同安有一对开豆腐店的夫妻，夜里磨豆腐时编歌唱逗，受到邻里欢迎，后来在民间流传开来。明末清初，车鼓弄传到中国台湾，成了大家喜爱的民俗娱乐项目。

走进这座三进双护厝的进士第院落，房顶上悬挂的匾额表明，这不是一般人家。果然，从房间的斗拱上看出了端倪。

龚洁说，斗拱是有讲究的，一般老百姓住的是一拱一斗；如果家里有读书人或再有经商人或稍微有点钱的就是两拱一斗，这里是三拱两斗，说明这家出了进士。

▲ 三拱两斗的房子

牌匾清楚地表明了房屋主人的身份。房屋的主人叫陈睿思，康熙六年进士，官至户部主事。这座房子已有 340 多年的历史。在这座建于清初的进士第里也没找到蒙伽利的踪影。

海沧区新安村也有许多保存比较完整的清朝早期的红砖厝，那里会不会存在蒙伽利现象呢？记者首先来到新安村最古老的房子，没想到这个简朴的红砖厝竟然和民主革命的先行者孙中山先生有关。

斗栱： 中国建筑特有的一种结构。在立柱和横梁交接处，从柱顶上的一层层探出成弓形的承重结构叫拱，拱与拱之间垫的方形木块叫斗，两者合称斗拱。斗拱在中国木构架建筑的发展过程中起过重要作用，它的演变可以看作是中国传统木构架建筑形制演变的重要标志，也是鉴别中国古代木构架建筑年代的一个重要依据。

龚洁说，这是孙中山先生第二个夫人陈粹芬的祖厝，是她祖父的房子，于清朝初期建的。

在这座老房子里，龚洁还透露了鉴别红砖厝年代的诀窍。

龚洁说，这个祖厝属清早期的特征在拱和斗，这里两拱一斗，统统没有漆金、雕刻，非常简明。乾隆之前都是这样。乾隆以后，经济发达了，人们开始装饰自己的居所，居室主人要表现自己有身份，开始装饰走廊，

▲ 孙中山先生夫人陈粹芬的祖厝

到乾隆后期就变得繁复、漂亮，一直延续到民国。它们的分野就是乾隆以前简陋；乾隆后越来越雍容华贵。

在陈粹芬的祖厝，依然没有发现和蒙伽利有关的蛛丝马迹。

既然乾隆以前的红砖厝都比较简约，缺少雕饰，记者开始把探寻的目光聚焦到乾隆以后的红砖厝上。

记者见到了一座叫永裕堂的房子，是清末光绪年建的，这处标准、完整的红砖民居，木雕、砖雕、石雕都非常精美。

据说，这座精美的房子同样和历史上的大人物有着联系。1922 年，时任粤军总司令的许崇智率军征讨陈炯明时途经此地，在永裕堂居住。

龚洁说，当时蒋介石是他的参谋长，参谋长是离不开司令的，所以判断：许崇智住过这个房子，蒋介石应该也住过这个房子。

永裕堂虽然装饰精美，但都是中式风格，没有丝毫异域文化的痕迹，自然也找不到蒙伽利的身影。难道莲塘别墅的蒙伽利只是个别现象？

这时从翔安传来令人振奋的消息：一个海岛上发现了一大片保存完好的红砖古厝，而且房上也有洋人雕像。

▲ 房脊下的蒙伽利雕像

这是翔安区大嶝岛上的一个村落，叫田乾。在这片规模最大的红砖厝群落中，蒙伽利石雕再一次现身。不过这栋房子上的蒙伽利，位置与莲塘别墅不同，是在房脊下。这个蒙伽利肩负着沉重的房脊，表情却很轻松。这座红砖厝另一侧的房脊下同样有一个蒙伽利雕像。

令人遗憾的是，田乾村也没人知道祖先为什么把蒙伽利安置在房脊下。

当地人说，同安有一个很特别的红砖厝，名字和古城同安有关，它的主人也非同一般。

那个特殊的院落坐落在莲花村。由于整体格局是个同字，所以叫同字厝。盖成这样并非巧合，而是建房者有意为之。

▲ 同字厝建筑

厦门市同安区文史学者蔡良山说，同字厝的主人叫叶金泰，1930 年建房时，他想显示自己是同安的土皇帝，就造了一个同字厝、安字厝。安字厝在战乱中停建了。

叶金泰究竟是怎样一个不同凡响的人物呢？

蔡良山介绍说，叶金泰拥有很大的势力，影响到当时的同安县、长泰县、安溪县。他有自己的武装、自己的银票，扩张过程中打家劫舍，有不少血案，在闽南一带影响很大，外边的人都叫他大土匪。

土匪建的房子和普通人家建的房子究竟有什么不同呢？走进同字厝，院内长廊便是同字中间的那一横。这样的结构在红砖厝中绝无仅有。长廊是主人接待宾客，饮酒赏月的场所。长廊后面的一个房间就是叶金泰的卧室，在这个看上去有些温馨的房间内，竟然暗藏着玄机。

厦门市同字厝休闲山庄总经理傅瑛介绍说，它跟普通的民居有很多不同的地方。他的床后竟隐藏着秘密。

傅瑛指着一个小孔说，这是一个枪眼，枪眼内敞外小，从外面根本看不到，是为了防止别人袭击。

像这样的射击孔，在同字厝里还有许多。显然，同字厝是集居家与防卫一体的特型建筑。

同字厝内不同于普通民宅的秘密还有很多，但是最吸引人注意的却是长廊后的一栋二层小楼，这种圆拱连廊的建筑样式是典型的欧式风格。

大山深处的莲花村居然也有欧式风格的建筑，可见当地人对外来文化兼收并蓄的开放胸怀。

经过寻访，虽然没有发现更多的蒙伽利，但是体现在红砖厝中的西洋建筑元素却不少，纯粹的西洋建筑也很多。蒙伽利的秘密或许就隐藏在西洋建筑的背后。

厦门西洋建筑最多的莫过于鼓浪屿。因此，想要从西洋建筑上破解蒙伽利的奥秘，鼓浪屿是最好的地点。

登上鼓浪屿，满眼是各种各样的异国风情建筑，仿佛置身海外。鼓浪屿各式各样的别墅有近2000栋。正因为有这么多的异域建筑，鼓浪屿便有了万国建筑博物馆的美誉。

面积仅1.91平方千米的鼓浪屿为什么会有如此多的欧式建筑呢？

1840年，鸦片战争爆发，英国殖民者用坚船利炮打开了大清帝国一直紧闭的大门。1842

《南京条约》：道光二十二年，清朝在第一次鸦片战争中战败。清政府被迫与英国签署了《中英南京条约》。《南京条约》是近代西方资本主义国家强加在中国人民身上的第一个不平等条约。英国以武力侵略的方式迫使中国接受其侵略要求，这就使中国主权国家的独立地位遭到了破坏；强占香港，中国领土的完整遭到破坏，丧失了独立自主的地位；通商口岸成为西方资本主义对中国进行殖民掠夺和不等价交换的中心；巨额赔偿加重了清政府的财政负担。从此，中国开始沦为半殖民地半封建社会。

年，清政府被迫在屈辱的《南京条约》上签字，开放包括厦门在内的5个口岸。英国军队在1841年8月便强行进占鼓浪屿，并设立了“领事事务所”。

龚洁说，1843年，英国人在鼓浪屿建第一栋别墅：领事事务所。紧接着，有10多个国家向厦门鼓浪屿派驻领事或建领事馆、公馆。

于是，那些与当地的红砖厝完全不同的洋房如雨后春笋般在鼓浪屿冒出来。1905年，鼓浪屿成为由西方列强共管的“公共租界”。之后，许多华侨也来到鼓浪屿买地建房，以致鼓浪屿的洋房越来越多。历史告诉我们：厦门市的洋房是鸦片战争后才有的，而且最早出现在鼓浪屿。

▲ 鼓浪屿的欧式风格建筑

鼓浪屿众多的洋房中，有座庭院比较异样。这组以欧式风格为主基调的建筑群，中间的房子却盖了一个中式的屋顶。龚洁介绍，这个庭院的主人与在红砖厝上雕刻洋人雕像的主人有一个共同点：都是下南洋的华侨。

鸦片战争后，厦门开放，很多青年人不安于贫困生活，离开家乡到东南亚。因为故乡情结，赚钱以后一定要回到家乡来。他们衣锦还乡后的第一件大事就是买地建房，他们建的房子不可避免地打上了海外漂泊的烙印。

龚洁说，他们在东南亚各国看到殖民者在那些国家留下的建筑式样，同时，也看到外国人在这些国家耀武扬威的情景，所以把这些元素都带了回来，表现在红砖民居上。

▲ 欧式风格建筑上的中式屋顶

然而，中西合璧的背后还另有深意。一位长期居住在鼓浪屿的美国牧师点破了主人在西洋建筑上加盖中国屋顶的真实用意。他说，华侨在海外遭受欺凌，因而在建造房屋时将中国式屋顶盖在西洋式建筑上，以此来舒展他们饱受压抑的心情。

至此，红砖厝上蒙伽利的谜底被揭开。用洋人为房屋主人扛起沉重的屋脊，或者用洋人作护卫为自己看家护院，背后隐藏的是追求平等、抚慰伤痕的心理诉求。

唐贞观初年，战乱平息，天下大定。泾渭之地因秦王李世民的登基而获利，减免赋税，大兴农耕，惶惶之民终享长久太平。此时，陈仓县传出一则消息，瞬间引发了轰动。

陈仓石鼓

在陕西省凤翔府陈仓山的北阪，一牧羊老人发现了10面怪异的花岗岩大石，这些硕大的石体形似鼓，圆而见方，上窄下大，高约1米，中间微凸，模样奇特。令人不解的是，当一块大石上的泥土被清除后，居然显露出大量的神秘文字，笔法奇异，竟无人能识。于是，流言四散，怪论频生。更有乡

▲ 陈仓石鼓

民闻风而至，焚香跪拜，惊为天赐之神物。

自此，陈仓突然变得热闹非凡。文人墨客纷纷慕名而至，一窥究竟，并拓下石上的文字，遍寻名家研究。更有大户悬重金求解谜题。但文字之谜不仅未被揭开，反而借着民间传言，而变得神乎其神。

100多年后，“安史之乱”爆发，唐王朝在战火中风雨飘摇。正在雍城躲避战祸的唐肃宗听到石鼓的传闻，心生好奇，责令州府官员将10面怪石运下陈仓山，迁往雍城城南，就是后来的凤翔县城之南，与驻扎在这里的文武百官赏玩。

石鼓被迁至雍城短短几个月后，便随着战乱的来临而蒙难。当叛军逼近凤翔时，满朝文武百官出逃，为躲避战祸，石鼓被仓促移至荒野掩埋起来，并对外宣称“毁失”。一时间，天下文人为之抱憾，感其神迹的乡民为之痛哭。

石鼓被掩埋两年后，“安史之乱”平定，天下得以太平。陈仓石鼓的命运也迎来了转机。806年，地方官吏在凤翔县南，也就是旧雍城附近的野地里查访到了石鼓的埋藏之处，请朝内的名家主持挖掘。韩愈还因此上书朝廷，请求移石鼓到京城太学府内妥善保管并重立其学术。但韩愈的请求并未被朝廷所重视，奏折在朝堂上积压了8年之久。

814年，郑余庆就任凤翔尹，兼职国子监祭酒，主掌国家学术教育、文化事业。他偶然看到尘封已久的韩愈奏章，深深为之触动。于是，重新奏请朝廷，希望能妥善保管陈仓石鼓。于是，曝于荒野的石鼓才被移送到当地孔庙。

▲ 残缺的石鼓文

石鼓重新出世，已是蚀迹斑斑，石鼓上的字迹残缺不全，引得无数名家学者为之慨叹。更可惜的是，由于一直被弃荒野，其中一面石鼓居然莫名遗失。这就是后来曾经轰动天下，也常引发历代学术争端的乍原石鼓。

9 面石鼓在凤翔孔庙中待得并不安稳。90 年后，曾经鼎盛的李唐王朝忽然间在接连爆发的战乱中坍塌。令人痛惜的是，凤翔孔庙在战火中被焚毁，庙内所藏的 9 面石鼓也被人盗运一空。陈仓石鼓，在乱世中重新遁迹于草莽江湖。

关于石鼓的各种说法，从古至今从未停止过争论，而争论最多的就是石鼓的发现地。

在唐朝名家虞世南、褚遂良等人的诗歌中，石鼓被明确记录为在岐州所领辖的陈仓县被发现。诗人韩愈更是赋其为：陈仓石鼓。这里所指的陈仓，经考证为陈仓山，现今为宝鸡市内的石鼓山。但也有另一种说法，石鼓并不是“发现”自陈仓山，而是“出土”于天兴县城南 10 千米处，就是现今的凤翔县城南 10 千米，到底哪一种说法更接近真相呢？

事实上，在石鼓为避战祸而被重新掩埋的 49 年后，曾被第二次发掘，地点在天兴县南 10 千米处。至此，关于石鼓的发现地之争有了定论，宝鸡境内的陈仓山，现今的石鼓山是石鼓最早的发现地。主导第二次挖掘石鼓的人，正是韩愈的旧交。韩愈应景生情，创作了流传千年的《石鼓歌》。在韩愈的有感而发中，我们却又发现石鼓的另一系列未解谜团。

▲ 宝鸡中华石鼓园中的石鼓阁

石鼓上的奇异文字，出自谁手，又创于哪个朝代？唐朝初期至中期已有人给出判断，如唐朝名士韦应物认为，石鼓是周文王时期的遗物，用以宣功表礼。而另一种说法认为，是周宣王所遗存下来的古物，上面记载着宣王游猎郊野的事迹。韩愈在《石鼓歌》中也对这种说法给了呼应。然而，也有持不同意见者，

▲ 石鼓文

如杜甫就在诗中斥责关于石鼓出身的多数说法均为“讹”。

杜甫在诗中叹道：“苍颉鸟迹既茫昧，字体变化如浮云。陈仓石鼓又已讹，大小二篆生八分”。很直观地阐明了态度，认为关于石鼓的猜想被不断地神话并不断地浮出伪论，并到了以讹传讹的地步。“张生手持石鼓文，劝我试作石鼓歌。少陵无人谪仙死，才薄将奈石鼓何”。这是唐朝诗人韩愈在《石鼓歌》中的感叹。很显然，韩愈这样的名士也对石鼓表现出了无可奈何状，认为是不解之谜，并非世人所想象的那样简单。

所谓的“讹”之说法，是指关于石鼓出身的推断过于繁杂，却无一有根据，无一能立住脚。如判定石鼓为周宣王所立的张怀瑾、苏轼、赵明诚等人，多数都是延续前人的猜测而说事，并无专门的研究过程。就连韩愈即兴而作的《石鼓歌》也成了该说法的出处所在。而宋朝的程大昌等人，则认为石鼓诞自于周成王时期。而辽金时期的马定国居然论定其创自南北朝时期的宇文周。到了清朝，俞正燮则提出为北魏世祖所造。宋朝有了石鼓为秦刻石的说法，最先提出的是郑樵。

关于石鼓文的争论，已有1500多年的历史，如今，随着我国考古界与学术界研究的不断深入，石鼓的出身之谜已经逐渐被揭开，石鼓文刻于春秋先秦时期的观点，得到了当前学术界的广泛共识，其中最具影响力的论述，便出自郭沫若的《石鼓文研究》。

然而，关于石鼓的又一个谜团却一直困惑着后人。10面大石应有固定排序，而10面石鼓上所刻的10首长诗，自然也有先后顺序，这是石鼓文能被真正解读的关键所在，更能对其流传后世产生奠基性的影响。只可惜，石鼓自荒野中被发现时，无人对此细节给予重视，后几经迁徙，更使考证难上加难。

不过，历代学者还是依据石鼓上的文字取前两个字为其起了名字，即汧沔鼓、车工鼓、田车鼓、銮车鼓、霝雨鼓、作原鼓、而师鼓、马荐鼓、吾水鼓、吴人鼓。随后，金石学者们为它们做出了多种版本的排序，但都未能使世人信服。谁在先谁在后，各家看法不一样。

当北宋王朝一统天下，并逐步剿灭割据一方的诸侯之后，全国的经济与文化在短短数十年得到恢复，并取得了飞跃。当第4代帝王宋仁宗查阅前朝遗留下的经史档案时，无意中发现了关于石鼓的传奇纪略，对遗失百年的陈仓石鼓产生了浓厚兴趣。

宋仁宗是中国历史上颇为有名的书画君王。为解石鼓之谜，他不惜以高官厚禄相许，令天下有才德之士遍地寻访、查找陈仓石鼓的下落。

时任凤翔知府的司马光之父——司马池闻得此消息后，便竭尽心力去寻找传说中的10块大石，试图投君王所好，以便得到更快更便捷的晋升机会，改变自己的仕途。

司马池经过几番周折，并倾尽州衙之力广撒大网，终于使消失百年之久的陈仓石鼓重见天日。只可惜，寻到的石鼓只有9面，早在唐末便已遗失的作原石鼓仍没有踪迹。

眼见石鼓十缺一，自己的前程距“登天”仅半步之遥，心急的司马池施展了画蛇添足的拙劣招数，私下遣工匠连夜采集相似石材做伪。很

拓本： 即用纸紧覆在碑碣或金石等器物的文字或花纹上，用墨或其他颜色打出其文字、图形来的印刷品。拓本实物最早见于唐朝，但唐拓存世稀少，仅有碑拓几篇存世。宋朝拓工十分讲究，纸墨都十分精良。最初摹拓的称为“初拓本”，字迹清朗，最为珍贵。

快，他便参照前朝遗存下来的石鼓拓本仿制出一面假作原石鼓。这一招果真以奇功得到了仁宗的褒奖。

只可惜，饱学的宋仁宗与受命而来的名家学者们很快就辨别出了伪造的作原石鼓。司马池先建奇功受封赏，又因造伪欺君而获罪，可谓是聪明反被聪明误。

9 面石鼓现世，又经历造假风波，因而失踪的作原石鼓立即名动天下，成为坊间谈论的圣物，认为其价值能以 1 敌 9，身价上扬了不知多少倍，随即便引发了豪强们一掷万金寻找作原石鼓的风潮。然而，直到 1052 年，金石收藏家出身的向传师到了凤翔后，石鼓百年残断的历史才获得转机。

向传师是北宋时期颇有名望的金石收藏家。最初与石鼓的渊源，来自他重金求来的一份太氏石鼓文拓本。在对照自己手中的其他石鼓文拓本时，他意外发现，这份新的拓本居然保留了作原石鼓的文字。但事实上，作原石鼓已遗失了 200 多年，不可能再有新拓本问世，否则宋仁宗又怎会满天下张贴黄榜以高官与重金相求呢？

作原石鼓拓本的发现，令向传师彻夜难眠。经多方探查，终于查明这份拓本源自关中的太氏家族。路途遥远，但内心难以平静的向传师唯恐夜长梦多，立刻便备马出发。

当抵达太氏村庄后，他被眼前的景象彻底惊呆。原来，太氏一家半年前全部死于瘟疫。官府为了防止瘟疫蔓延，把太氏的房子、财产全部烧光。这个噩耗，对于千里跋涉而来的向传师而言，可谓晴空霹雳。

身心疲惫的向传师怀着无比失望的心情就近找了一家客栈安顿下来，打算继续寻访石鼓的下落。隔日清晨，向传师被后院传来的磨刀声惊醒。原来，客栈后面一个屠夫正在磨刀，向传师循声走到屠夫门前，只见屠刀被磨得寒光闪烁，而令向传师一惊的是屠夫所用的磨刀石，虽然破旧却有几分石鼓的风貌。他走近细看，磨刀石上隐约浮现一些熟悉的字迹依稀可辨。原来，这就是那面失踪了 200 多年，引得几朝几代人魂萦梦绕的作原石鼓。

石鼓已面目全非，上部已被乡民削去，中间被掏成凹状用来捣米，而上面断裂开的两道边被屠夫用来磨刀。石鼓上面的文字，更是被磨去了大半，损毁严重，仅余下半部的 4 行字。

不久凤翔知府接到一封向传师的书信。于是，连夜调集军兵赶往关中，护佑石鼓与向传师回到凤翔。随即又将石鼓送往汴梁。向传师因寻石鼓有功，得到朝廷诸多封赏，并获得一整套石鼓文拓本。此时距发现石鼓丢失的 814 年已过去了 238 年。

至此，10 面石鼓终得团圆，但它们颠沛流离的命运却仍在继续。

自诩为“天下第一学士”的宋徽宗是北宋王朝的又一个书画皇帝。在对待石鼓的问题上，他不仅继承了先王宋仁宗的痴迷，更多了一重溺爱。1110 年，作原石鼓被运抵京城后，10 面石鼓便被正式移送至太学之内保存。随后，又被他搬进了保和殿朝夕相伴。

宋徽宗是一个大艺术家，对书法和绘画非常精通。他知道石鼓文的价值。日后，宋徽宗居然突发奇想，下令在 10 面石鼓上的文字槽缝之间填注黄金，为其装了金身。此时，石鼓上所遗存的完整文字，已不足 432 个。

1125 年，金兵攻入汴梁，掠走了徽钦二帝，押解到北部荒漠之中囚禁，作为人质，这就是史上的“靖康之变”。而 10 面石鼓，则因鼓身被填注的黄金，被金兵视为珍宝，尾随着被掠的徽钦二帝北迁。

石鼓被运到燕京后，不甚了解中原文化的金人并未发现其价值，也未觉得这 10 块大石具有怎样的意义。只是剔去了石鼓上填注的黄金，便将它们丢弃荒野。至此，石鼓第 3 次因战祸而遗失。

1234 年，即南宋端平元年，宋元联军攻破燕京，随军而至的御史大夫王楫于机缘巧合之下发现了掩藏在废墟之中的 10 面石鼓。王楫出身于陕西虢县，与石鼓同根同源，他将其保存于孔

靖康之变：靖康二年 4 月金军攻破东京，除了烧杀抢掠之外，还俘虏了宋徽宗、宋钦宗父子，以及大量赵氏皇族、后宫妃嫔与贵卿、朝臣等共 3000 余人北上金国，史称靖康之耻。靖康之耻导致了北宋的灭亡、宋室南迁的局面。

国子监：中国古代隋朝以后的中央官学，中国古代教育体系中的最高学府，又称国子学或国子寺。国子监的设立相对于“太学”而言，除了是国家传授经义的最高学府外，更多的是承担了国家教育管理的职能。

庙之中，并请专人看护。而后的元、明、清三朝，石鼓一直存放于国子监之内，几百年没离开过北京。

然而，10 面石鼓在北京的安稳之日只持续到 1933 年。热河抗战爆发后，日本入侵华北，北平岌岌可危。收藏于国子监的石鼓，归市政府保管。但由于技术、经济力量不足，市政府提出由故宫博物院代管。当时的故宫博物院院长马衡欣然接受。

日本侵华战争全面爆发后，10 面石鼓随着故宫的国宝不断迁徙，在南京短暂停留后又被艰难地运送至重庆。

抗战胜利后，这批石鼓又从重庆运回南京。运送途中险象环生，运载石鼓的汽车先后经历了两次翻车事故，10 面石鼓险些再遭劫难。

战乱未止，石鼓颠沛流离的命运就永难休止。解放战争全面爆发后，蒋介石见大势已去，仓皇筹备撤退，将国宝文物大量地转运至中国台湾。此时，已被送回北京故宫保管的陈仓石鼓，被仓促运抵机场。但临近起飞时，飞行员却报告说，飞机已严重超载，无法保证飞行安全。经过一行人的再三商讨后，这 10 面石鼓只好留下，终得保全。

石鼓颠沛流离的命运，与中华民族所经历的苦难一直紧密关联，它所背负的那些残断的历史，以及笼罩在身上的未解谜团，让它在跌宕的历史潮汐中更显独特与珍贵。

石鼓的历史、史料价值是大家公认的，好多老先生把它看作是国宝中的国宝。同时，它在中国书法艺术史上也具有重要意义，在中国灿如星斗的文物中，闪耀着独有的光芒。

石鼓文，是中国最早的石刻诗文，篆书之祖。笔法近似于西周金文，却远比金文更加规范、严正，但仍在一定程度上保留了金文的特征。所以后人多推论其渊源介乎于周朝金文与秦朝小篆之间，属于文字统一前的过渡性文字。关于石鼓文的身世，古人多指其为周朝籀文的一个延续字体。传说在石鼓文成文前，周宣王曾命太史籀对金文进行改造和整理，著有大篆 15 篇，故大篆又称籀文，而石鼓文则被认定为大篆籀文的遗存。所以唐宋时期便有相当一部分学者依此判断，石鼓文为周宣王时所刻制。

石鼓上的石刻文字比小篆略短些，近乎方形。字距行距既有规矩又有变化，笔画错落有致，不像小篆那样规整、对称，而是以多姿态的形式保持了一定的均衡。并有金文的传统：秀气而不呆板，透露出古朴、自然、雄厚、流畅的美感。古今石鼓研究者均认为，石鼓文集大篆之大成，开小篆之先河，在书法史上起着承前启后的作用。千百年来，被历代书家视为研摹篆书的重要范本，故又有“书家第一法则”之称誉。

石鼓自唐朝问世以来，大量书法名家为之瞩目，并产生了巨大的美学影响。如唐朝著名书法家欧阳询、韦应物、褚遂良、张怀瓘，宋朝苏轼、欧阳修等人，都以石鼓文作为篆书境界的最高艺术加以歌颂。石鼓文对书坛的影响以清朝、民国最盛，书画大师如吴昌硕、王福庵和邓散木等终生临摹石鼓。

吴昌硕：晚清著名画家、书法家、篆刻家，为“后海派”的代表人物之一，杭州西泠印社首任社长。吴昌硕与任伯年、赵之谦、虚谷齐名为“清末海派四大家”，是当时公认的上海画坛、印坛领袖，名满天下。他是我国近现代书画艺术发展过渡时期的关键人物，“诗、书、画、印”四绝的一代宗师。

书以文贵，所有关心石鼓文的饱学之士一心想亲见石鼓，作拓临摹，以窥其庐山真面目，而石鼓却一直被藏于帝王身边，祭于庙堂之上，想得到一份石鼓拓本难上加难。

由于各种版本的石鼓文拓本拓于不同年代，保存下来的文字也不一致。石鼓文拓本，自明清以来，居然一字抵万金，创下中国文物史上的奇迹。

石鼓文最古老的拓本是浙江省宁波市的范氏天一阁所藏的宋朝拓本。但颇为可惜的是，天一阁本于咸丰十年意外被焚毁。现存最早的宋拓本，是明朝著名收藏家锡山安国所藏，他藏有石鼓文古拓本 10 种之多。其中北宋拓本便有 3 种，称之为前锋、中权、后劲本。

清道光年间，锡山安国的后人在争分家产时，意外在天香堂的房梁上发现了这些珍贵的石鼓文拓本，整整 10 册，其中包括了最珍贵的宋朝前锋、中权、后劲拓本。家人不知其珍贵，被当时的书画收藏家沈梧所得。而后的多年里，沈梧将这些拓本珍藏起来，从不示人。然而，民国初时，秦文锦从沈家后人处得到了这些拓本，并在自设的艺苑真赏社将其影印发行。很快，讯息惊动了文化界，同时也惊动了日本学界，日本三井银行代理人河井荃庐氏寻到沈家，以重金相许，很轻易地带走了3本最为珍贵的宋朝拓本。从此，前锋、中权、后劲3种拓本流入日本，转至三井文库收藏。

20世纪30年代，郭沫若客居日本时，发现了石鼓文拓本的踪迹，当时为日本名家河井仙郎所珍藏，郭沫若用甲骨文原始拓本，仅交换到了3种石鼓文拓本的照片，经复制后，刊载于《石鼓文研究》一书。为我们留下了石鼓文的宝贵研究资料。

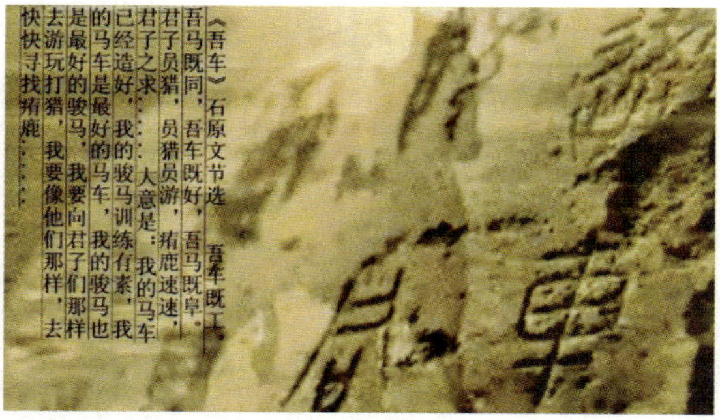

▲《吾车》石鼓

另外，石鼓文的价值，更体现在它唯美的文风与多元的叙事上。它的诞生比《诗经》更早，文体相仿，视角更为开阔，从某种意义上讲，它与《诗经》一样具有文化史诗般的重要意义。

10面石鼓上所刻的诗篇，而今能够保存最多，并能独立成章的，仅为吾车石而已。石上诗篇所呈现的风格，有着张扬、自信、骄傲、洒脱的特点，这与古秦人的性格特点相吻合。

“吾车既工，吾马既同。吾车既好，吾马既阜。君子员猎，员猎员游。麀鹿速速，君子之求”。这组诗所渲染的是一种追求美好的意向，带着许多炫耀的成分。大意是我的马车已经制作完成，我的骏马也已经训练有素。我的马车是最好的马车，我的骏马是最好的骏马。我要像君子们那样去游玩打猎，我要像他们那样去快快寻求麀鹿……

从诗的成文与结构上看，它与《诗经》一脉相承，尤其开篇的4句，更是不难找到两者的共同点，发现其渊源所在。在《诗经·小雅·车攻》中，就已经有了“我车既攻，我马既同”之句，可以借此论定，这是春秋时期帝王诸侯宣功立铭时惯用的缀语。而后面文字对君子之风的向往，更是体现了两者较一致的特点，差别仅仅体现在石鼓上的诗篇采取了一种毫不掩饰情感、更为张扬的文风。

综合石鼓文中所体现出的人文、历史、文学等价值，我们可以做出结论：它是中华5000年文明史中最为璀璨的瑰宝，是中国古代文学与艺术创造的一个巅峰。

如果没有这个载体，把秦公先人先祖的这些事实记录下来，这段历史就是空白。

自石鼓被认定为秦刻石以来，关于秦人以石为文的独特文化现象的讨论也就多了起来。

而与此结合得更密切的是，秦始皇嬴政统一六国，平定天下之后，东巡各地，每行一地便立石刻下铭文以歌功颂德，居然前前后后刻下了《峄山刻石》《琅琊台刻石》《泰山刻石》《之罘刻石》《碣石颂》《会稽刻石》，可谓是在秦人所开创的石文化上承前启后，并开拓了一个全新的潮流与历史。

商周以青铜器为文字的载体，在此基础上秦人则以石为文字的载体，刻石表功，开创了中国以石为文的先河。石鼓文不仅是秦人文化的产物，更是秦人精神文化的体现。

在秦之后，刻石便成了一种与政治相捆绑的文化风尚，往往作为宣德、宣功、宣武的特有方式，汉朝更是使其发扬到被升华的艺术高度，开始被雕凿为各种精美的器型，并刻以文字加以赞美。

唐宋之后，中国的石刻文字便有了更广泛意义的辐射，不再只为帝王皇权而服务，而是产生了多元的文化承载。例如，佛教文化所衍生的石刻经文，文人墨客所遗留的诗赋文章，以及各地方为了记载历史、地理、天文等现象而立下的碑志。

悠悠千年已逝，秦人以石为文的历史已经在中华大地上打下根基，成为传播最为广泛的文化表现形式。名山、大川、古迹、宗祠，都有大量的石刻装点，而文字与历史，则在这些石刻遗迹上挥洒出灿烂的文化光辉，呼应着

▲ 宝鸡中华石鼓园

▲ 中华石鼓园中的壁画

秦人这一骄傲的历史传承。

而以石为乐，同样也是秦文化的独特现象。石鼓与石磬的诞生，既印证着上古的传说，又是一种未泯的历史传承，更是中华文明在推进与发展中最为鲜活的历史见证。我们知道，早在原始人类走向文明之初，便有了对音乐的向往与追求，开始以最原始的工艺打磨出了石埙、石鼓、石钟和石磬。

鼓，对于中华民族而言，有着多重的文化意义与历史意义，几千年来，一直被作为表达思想、宣泄情感的圣物。传说，黄帝战蚩尤而造了夔鼓，目的是为了指引行军方向并鼓舞士气，而后，责令臣子们每天吃饭与睡觉之前都要听闻鼓声的号令，目的是为了让人不在安逸的生活中磨灭斗志。这一礼制，一直被沿袭至夏、商、周三朝，并被作为宫廷礼仪不可缺的一部分。

鼓，在秦文化的发展历程中，也扮演着极为重要的角色，从行伍行军、开疆拓土，它一直都在传递着一种激昂的气魄。从某种意义上讲，鼓在秦文化中有着至高的精神意义，近似于图腾。

秦人历史记载，秦公在游猎时，就受到了这种文化的影响，因为鼓是神圣的，它是传达人的意愿于天的方法，是人意通天的媒介，选用鼓形石，是受到了鼓文化的影响。

结合宝鸡的先秦考古发掘，人们不禁对陈仓石鼓的身世谜题产生了更多的猜想。依判断，10面石鼓上所记述的，是秦公在一次游猎中的所见所感，最终展开了一场对上苍、对先祖的祭奠活动。10面石鼓的刻制，很可能就是为了这场祭祀而准备的，因为率兵马游猎荒野，不能携带祭祀所必备的青铜器皿，只好就地取材，巧用了陈仓山的天然花岗岩磐石，大石被削成平面，应该是用来陈放猎物与美酒，而上面刻下铭文，则是起到与青铜器上作铭相同的功效。

石鼓以祭祀为引，但核心仍旧是宣功宣德，其间不乏炫耀国力、炫耀武力的成分。石刻上的字里行间，诠释着一种称霸的雄心壮志。

一个石鼓的命运，竟然与我们伟大民族的命运息息相关。康有为先生美誉石鼓为中华第一古物，可以说，这是中国历史的骄傲。

英国伦敦郊区一个偏僻的农场，由于多年没人打理，已经荒废。谁也没想到，在这片普普通通的草场下面竟然埋藏着一个惊人的宝藏。

地库宝藏

1981年，一个中国小伙子来到位于英国伦敦郊区的一个农场。他直接来到一座破旧的木板屋前，围着屋子转了一圈，在一面墙前站住了。这面墙上挂了很多生锈的农具。他拿起一根铁棍开始撬这面墙的木板。木板撬开，墙的后面竟然出现了一条狭长的通道，一直通往地下。小伙子顺着通道走下去，里边黑咕隆咚什么也看不清。他把手电打开，摸索着走到通道的尽头。面前出现了一扇很大的铁门，门上挂着一把大锁。小伙子拿出一把钥匙，锁上已长满了铁锈，钥匙根本转不动，小伙子只好拿铁棍撬开了锁。

铁门被缓缓推开，尘封了百年的巨大宝藏呈现在他面前，陶瓷、青铜器、玉器、佛像、书画……小伙子被眼前的一切惊呆了。

尘封百年的巨大宝藏究竟从何而来？为什么会出现在遥远的英国伦敦？这个中国小伙子又是谁？他是怎样得知这个惊人秘密的？

1969年，一个男孩从中国内地来到香港。男孩叫赵泰来，刚满15岁。因为父母去世，年幼的他只好到香港投奔姨妈。小泰来非常乖巧，深得姨妈喜爱。在姨妈家住了一段时间，他发现姨妈总像有什么心事似的，有时候一个人发呆，更让他奇怪的是姨妈一直没有结婚，始终独身生活。

泰来听姑婆说姨妈年轻时长得漂亮，有很多追求者。但她都毫无理由地拒绝了，让人难以理解。

一转眼，10年过去了，赵泰来已经成了一个小伙子，而姨妈却一天天衰老，身体也越来越差。有一天，住院的姨妈突然把赵泰来叫到床前，拉住泰来的手，好像有什么事情要交代。她说："泰来，家里有点东西我放心不下。"

▲ 赵泰来

姨妈说："我身体越来越差，可能不久于人世。我在英国有几栋别墅，还有一个农场，这些财产将来都由你继承。另外，告诉你一个秘密，不能让任何人知道。"看见赵泰来点头，姨妈才继续说："真正的财富在那个农场里，不过我也从来没见过。"姨妈一边说，一边拿出一张图纸交给赵泰来，让他按照图纸所标写的位置去找。她交代说，农场马房是假的，有暗门。

农场里埋藏着什么样的宝藏，姨妈没有详细交代。这时，赵泰来似乎明白了，姨妈之所以一辈子不肯嫁人，是因为要保守这个秘密。她不得不放弃自己一生的幸福。家乡的风俗是出嫁的女人不能再管家里的事。交代完这个秘密后，姨妈长长地松了一口气。她非常了解泰来，这孩子忠厚老实，把财产交给他，自己可以放心了。就在那天晚上，姨妈安详地去世了。办理完姨妈的后事，赵泰来决定去一趟伦敦，弄明白究竟是什么东西让姨妈付出一生的幸福守护它？姨妈给自己留下的神秘遗产究竟是什么？

来到伦敦，赵泰来按照姨妈交给他的图纸，顺利地找到了伦敦郊区的农场那间能够通往地下的马房。

当赵泰来撬开第二道铁门，还没往里看，一股难闻的气息扑面而来。里面伸手不见五指，让人心里发毛。借着手电筒微弱的光亮，他发现这是一个地库。阴暗潮湿，散发着朽木的腐味，让人透不过气来。往里走了几步，赵

▲ 赵泰来欣赏藏品

泰来隐约看见离大门不远有一段楼梯，楼梯通往更深的地方。赵泰来顺着楼梯小心翼翼地往下走，每迈一步都可以听到自己脚步的回声，虽然看不清周围的环境，但是从声音上可以判断，下边空间应该更大。赵泰来又兴奋又害怕，下楼梯不过2米就被堵住了。在手电筒可以照到的范围内，赵泰来看见到处都是大大小小的箱子，堆得满满当当，几乎让人无处下脚。他随手打开两个箱子，发现里面装的都是瓷器。瓷器形状各异，在微弱的光线下发着幽幽的光泽，看不清花纹。他抱了几件拿回家。

回到家里，赵泰来小心地把瓷器清洗干净，仔细地端详它们。它们有的刻了难以辨认的文字，有的绘着飞舞的龙，有些底部印着康熙、雍正、乾隆等字样。

虽然自己不大懂古物，但是他基本能判断出来，这些瓷器都是中国的。既然是中国的，怎么会漂洋过海到了英国呢？又是谁把它们埋到了农场的地下呢？姨妈为什么会拥有它们？越想心里的问号越多。他想，地库门不大，估计东西不多，几天就可以清理了。

赵泰来准备用一周的时间清理地库的物品。他每天一大早就进地库擦拭、搬运、登记藏品。一周的时间很快过去了。可是，地库里却仍然是满满的。

一连几个星期，赵泰来都在地库里忙碌着。他越干越吃惊，不管怎么往外搬，地库里的东西却不见少。更让他吃惊的是，除了刚开始看到的那些瓷器，地库里还有很多刻着各种各样花纹的古玉、长满绿斑奇形怪状的青铜器、造型非常奇特的动物雕塑、惟妙惟肖的古代人像等，多得数不清。

地库里物品之多远远超出了赵泰来最初的想象。这些东西有的非常精美，擦的时候他非常仔细，生怕弄坏了。有些东西看起来很不起眼，好像根本不值钱，摆弄起来就不那么精心。但是不久之后的一件事却让他再也不敢大意了。

一次，赵泰来回香港办事，遇到一位喜爱收藏的朋友。赵泰来让他看从伦敦地库中带回的一个小碗。朋友感觉挺好，说帮赵泰来拿去问价钱。赵泰来觉得这碗没有特别之处，不会太值钱。

赵泰来说："实际上这个碗是清乾隆年间的瓷器，全名叫珐琅粉彩杏林春燕图碗。懂得这一行的，一看就知道，这东西太难得了。后来朋友问我，你要多少钱？我说合理就卖给你了。他说我给你 18 万。我吓了一跳。"

珐琅彩瓷器是清朝康熙、雍正、乾隆三朝皇帝的御用瓷器，用的是当时最好的工匠、最好的画师、最昂贵的材料，而且是在紫禁城内制造的。工艺复杂、造价极高。除了皇帝和他贴身的几个人用，其他人别说用了，连见的机会都没有。目前珐琅彩瓷器存世极其稀少，被人称为世界上最奢侈的艺术品。2006 年香港拍卖行拍了一只珐琅彩碗，价值一亿五千万，是目前世界上珐琅彩瓷器最高的价钱。

珐琅瓷：专为清朝宫廷御用而特制的一种精细彩绘瓷器，部分产品也用于犒赏功臣。珐琅彩瓷器的前身是景泰蓝，也就是所谓的"画珐琅"。珐琅彩瓷器从创烧到衰落都只局限于宫廷之中供皇室使用，是"庶民弗得一窥"的御用品。由于制作珐琅彩瓷极度费工，乾隆以后就销声匿迹了。

偶然卖出的小碗让赵泰来意识到，地库里家传宝藏的惊人价值。回到伦敦后，他更加努力地清理地库中的藏品。越来越多的宝贝被他陆续从地下搬运出来。整整一年时间，赵泰来都沉浸在无比的兴奋之中。他不敢相信这么多宝贝都是自己的。

兴奋之余，赵泰来的心里又产生了新的疑问。他几乎每天都在地库里忙碌，一年来，清理出来的各式藏品已经有上万件，可让他惊讶的是，地库只腾空了一小部分，拿出的万件藏品，还不到总量的十分之一。

赵泰来觉得奇怪，地库上的马房看着并不大，可是下面地库怎么会这么大呢？他在农场草坪上仔细观察，不禁大吃一惊，原来整个农场的草皮底下都被掏空了。也就是说这个农场有多大，地库就有多大。地库的前面3米高，最后5米高。赵泰来估计有3000多平方米，这么大的空间里全都堆满了奇珍异宝，这得多少东西啊！

赵泰来琢磨，这么多藏品，是不是都像那个小碗那么值钱呢？这些藏品假如不是真品为什么有人要费这么大的劲让它漂洋过海千里迢迢运到英国？而且还专门为它们建了一个庞大的地下仓库；假如是真品，这么一大批难以估价的稀世珍宝为什么会在异国他乡的地下沉睡了近百年？

自己看不懂藏品，不能找老师学，更不能让别人帮着看。赵泰来一边清理一边抽时间去图书馆查资料、去英国博物馆参观，并留意世界各大拍卖行古董拍卖行情。他对自己手里的古董有了更多的认识。

赵泰来说，我运回来的很多瓷器价值很好，像鱼罐、嘉靖年代的瓶都拍了4000多万人民币。在25年内，苏富比、佳士得拍的很多封面瓷器，我运回的藏品中基本都有。

赵泰来想，这些东西是谁收藏？为什么会在姨妈手里？

为了解开心中的谜团，他查阅了不少资料，并且从家中的长辈那里断断续续了解到一些情况。原来，赵泰来的祖上，有一位赫赫有名的人物——伍廷芳。伍廷芳是清末民初著名的外交家和法学家，同时，还是著名的收藏家。

▲ 赵泰来艺术宫

他曾留学英国，是中国第一位法学博士。回国后从政，官至二品。先后被清政府任命为驻美国、英国、西班牙等国大使。

赵泰来的姨妈是伍廷芳的外孙女，伍廷芳是赵泰来的外曾祖父。伦敦地下仓库的藏品来自伍廷芳和他的家族。这些藏品为什么被运到伦敦，家族里没人知道，赵泰来也没找到相关的记载。他只能根据当时的情况做一些猜测。

虽然不能确定这些家传宝藏的确切来历，但是可以确定的是，这批宝藏价值连城。

可是，让赵泰来怎么也没想到，这巨大的财富，不但没让他过上幸福美好的生活，反而让他越来越觉得苦不堪言。

因为宝藏的价值惊人，所以赵泰来格外谨慎。每天一个人独来独往，从不找人帮忙。不管多重的东西，都自己想办法把它搬出来，再把它包好，找车往回拉。为了秘密不被外人发现，赵泰来不敢请人给地库装电灯，他只能用手电筒照明。

日复一日，年复一年，赵泰来有点麻木了，当初的兴奋劲逐渐消失。他甚至觉得这数不清的奇珍异宝，已经成了负担。有时坐的时间太长，站起来头晕眼花。他想，会不会一生都挖不完呢？

刚开始清理，因为小件的东西比较多，还比较好办。后来的东西个头越来越大，也越来越重。清理工作已经不只是枯燥烦闷的事，而是成了重体力劳动。赵泰来说，有一种花瓶一个最少有 25 千克重，有几百个，我每天都要搬几十次，搬得腰都伸不直了。

除了枯燥、劳累，有时还有危险。在搬东西的时候，赵泰来不止一次被砸伤，磕掉了几颗牙。有一次东西掉下来把脚趾的骨头砸断了。面对地库里搬不完的藏品，赵泰来想，姨妈留给自己的巨额财富到底是幸福还是痛苦？自己也说不清楚。他觉得再这样干下去非崩溃不可。有时到外面吃一点东西、吸一点新鲜空气，在草地里搏命大喊，发泄完之后再接着干。一转眼七八年过去了，赵泰来清理出来的藏品已经堆满了姨妈留给他的几栋别墅。客厅、卧室、厨房，甚至连卫生间都摆满了东西。不过总算地库里大部分东西都清理出来了。这时新的问题又出现了。在地库的最里面，竟然摆满了巨大的石像和铜像。

红山文化：距今五六千年间前出现于燕山以北、大凌河与西辽河上游流域的一种文化。红山文化的居民主要从事农业，也饲养猪、牛、羊等家畜，兼事渔猎，细石器工具发达。红山文化是与中原仰韶文化同时期的发达文明。红山文化玉龙被誉为“中华第一龙”，让中国人找到了龙的源头。

赵泰来说，铜器都 2 米多高，凭借一个人的力量，把上百座巨大雕像搬离地库几乎是不可能的。佛像有上百千克重，我只能用铁棍撬、铁链吊，再用铲车推出去。

当赵泰来把最后一个巨大的佛像搬出来之后，他长长地舒了一口气。自己已经在这个黑暗潮湿的地库里忙碌了整整 10 年。长期的辛苦劳作让他显得非常憔悴。但是，看到埋藏了百年的宝贝终于在自己的手里重见天日，对去世的姨妈也算是个圆满的交代，他心里感到欣慰。

在清理出来的藏品中，有红山文化的古玉、战国时期的编钟、汉朝的金缕玉衣，大量明清时期的瓷器、鎏金佛像、名家书画等，总数近 10 万件。

▲ 赵泰来捐赠的明清瓷器

▲ 赵泰来捐赠的青铜器

▲ 赵泰来捐赠的西汉时期金缕玉衣

▲ 赵泰来捐赠的南北朝时期青铜兽

▲ 赵泰来捐赠的唐三彩

坐拥数不清的宝藏，后半生可以尽享荣华富贵，眼看幸福的生活就要开始，但赵泰来心里并没有感到轻松和高兴，反而更加苦恼。

看着堆在家里的宝贝赵泰来犯愁了，怎么处理它们呢？卖掉换成钱，自己就有数不完的钞票，守着这么多钱，他会提心吊胆；像姨妈那样想办法保守住这个秘密，孤独寂寞地终老一生，也很痛苦。还有什么更好的办法呢？这些稀世珍宝在地下埋藏近百年，除了自己，没有人看到过它们的真容，领略过它们的艺术魅力，为此他感到深深的惋惜。思前想后，他有了一个新的打算，他要给这些宝藏找一个更好的归宿。他决定，把所有的宝藏运回中国，捐赠给中国的博物馆，让更多的人了解祖国灿烂的历史文化。

要捐献藏品，秘密瞒不住了，家里所有人都知道了宝藏的秘密。得知赵泰来要把所有宝贝捐出去，家族内掀起了轩然大波。很多人都说他傻。面对家人的冷嘲热讽，他根本没放在心上，他打定主意要做的事谁也别想拦。不过，赵泰来没有料到把这些宝藏全部运回中国可不是想象中那么简单的事。他更没料到，为了运送宝藏竟然又耗费他近 10 年的时间。并使他几乎倾家荡产，甚至不得不到处收废品、捡破烂。

为了把宝藏运回中国，赵泰来首先必须把所有的藏品仔细包装，以免在运输中受损。可是他没想到，英国的包装费用极其昂贵。

赵泰来说，在伦敦，比如包装一件中等大小的藏品，大概要 500 元人民币，一件要 500 元，10 万件得多少钱？这还没算运费。

好在姨妈去世时给赵泰来留下了一笔钱，他都用来买包装。赵泰来说，当时我有八九十万英镑，本来以为这么多钱用作运费、包装费绰绰有余，没想到钱花光了，东西才运了一小部分。赵泰来想，姨妈不是留给自己好几栋别墅吗？把别墅卖了不就有钱了吗。他卖掉了 4 套别墅，可是卖房子的钱花得差不多了，东西还没运完，赵泰来一筹莫展。

包装贵就想办法找不花钱的包装。从此，伦敦街头，出现了一位到处捡包装箱、泡沫板、海绵等各种废弃物的人，大家以为是一位清洁工。其实，这个人正是赵泰来。

赵泰来说，为了省钱，别人包家私的东西不要了我就去拿，有时给点小好处请家私店的员工帮我留着废弃包装物。很多做家私的印度人说我是中国的乞丐。

外人看赵泰来可笑，家里人觉得他不可理喻。放着荣华富贵的日子不过，到处捡破烂，是自讨苦吃。赵泰来认为自己做得无愧于心，不管别人怎么说，依旧我行我素，一门心思做自己要做的事。

常言道，功夫不负有心人。几年后，赵泰来终于把所有的宝藏运回了中国。大大小小的藏品足足装了40个集装箱。他把宝藏捐献给了国内各大博物馆。

赵泰来捐赠的藏品，种类繁多，范围极广。有直径接近1米的瓷盘、有小巧精致的瓷瓶。有清朝乾隆皇帝的把玩之物，据介绍，目前同类题材的花瓶全世界不超过5件，极为珍贵。一幅现藏于广州艺术博物院的唐卡被当作镇院之宝，是仅次于拉萨布达拉宫的收藏。赵泰来捐出的珐琅彩杏林春燕图碗，专家估价1.5亿。还有巧夺天工的汉朝金缕玉衣、鎏金的佛像、青铜雕塑等6万余件。其中许多藏品，被专家鉴定为国家级文物，其价值无法估量。

唐卡：也叫唐嘎，系藏文音译，指用彩缎装裱后悬挂供奉的宗教卷轴画，兴起于松赞干布时期。唐卡是藏族文化中一种独具特色的绘画艺术形式，题材内容涉及藏族的历史、政治、文化和社会生活等诸多领域，堪称藏民族的百科全书。传世唐卡大都是藏传佛教和苯教作品。

现在，赵泰来最喜欢做的就是在国内各大博物馆、博物院里跟普通观众一起观赏自己捐出的文物，每当看到大家认真观看并发出由衷赞叹的时候，他心里特别自豪，他觉得自己这20年没白费，他为这批宝藏找到了最好归宿的这种快乐是什么也替代不了的。

在一般人心目中，考古工作常常与震惊世界的伟大发现联系在一起。但实际上，考古是一项艰苦而充满未知的任务。其中也会碰到困惑迷惘、判断错误和进入死胡同出不来的痛苦。内蒙古集宁路古城的考古发掘就是这样的生动事例。

古城末日

一、奇怪的尸骨

2002年，内蒙古考古队在内蒙古察右前旗土城子村进行考古挖掘时，挖出了一具尸骨。尸骨显得有些奇怪，他俯卧在一处墙垄上，在它四周，竟然没有发现任何掩埋的痕迹。

没有经过掩埋的古代尸骨，对于考古队员来说，通常意味的是一种饿殍遍野的典型遗迹。它让这群刚刚来到考古工地的队员感到有些迷茫：这次的考古目标，会不会只是一个微不足道的古代小城，会不会根本就没有什么考古价值呢？

路：宋元时期的行政区划单位，是直辖于中央并高于府、州、军、监的一级监察区。宋朝汲取了唐朝藩镇割据的教训，一级行政区划改为路，最初为十五路，后增加至二十三路。元政府规定除首都所在地“路”以外，其他路分为上、下两等，10万户以上的路为“上路”，不及10万户的为“下路”。

1个月前，内蒙古考古队队长陈永志就曾经带领队员在这里勘察地形，根据古代地图所示，在这个区域，曾经存在过一个名叫集宁路的古老城市。许多年来，这个古城一直无人问津，直到政府决定修建高速公路，而公路又必须从古城之上通过，内蒙古考古队才有了机会对这里做抢救性的考古挖掘。

然而，为了配合高速公路的修建而做的考古工作，到底能有多大意义，这始终是考古队员感到怀疑的问题。

陈永志称，类似集宁路古城这样的城址在内蒙古地区很多，也很普通，比集宁路古城城垣保存得更好的、面积更大的城址，内蒙古也有很多。初步统计，内蒙古地区分布的古代城址将近500多座，集宁路古城在这些城址中只能说是微不足道的一个。

一个在众多古城当中毫无特点的小城，当然没有人期待着能在这里有什么重大发现，就连陈永志本人，也几乎不抱希望。

二、被砍去一半的人骨

探方工作开始了，考古队开始在古城遗址上布下一个个探方。

陈永志称，探方是考古挖掘中最基础的一道工序。首先，考古队员在西南角选中一个坐标点，然后通过这个坐标的布方规格，对全城进行布方，这样就能够准确地将高速公路通过的地区放在这个坐标点之上。

陈永志利用这样的探方在图纸上画下整座古城的坐标图，他将在这幅坐标图上找出高速公路会通过的地区，那片地区就是考古队首先需要做考古挖掘的区域。

为了准确地画出坐标图，寻找四周城墙、确定古城范围是必不可少的。这条明显高出地面的土垄，正是集宁路古城的西城墙，而其他几面城墙则淹没在庄稼地底，需要通过考古探查才能露出端倪。

第一具尸骨出现后，考古队员们继续挖掘，很快，又一具尸骨出现了！

考古十分有经验的考古技工乔金贵一如往常地清理着尸骨，20多年来，他曾经在考古发掘中清理过各种各样的尸骨。

随着骨头表面的泥土被一点点抠开，乔金贵很快意识到，这很可能是一具将让考古队员费些思量的人骨。

绘图员张补财开始了在图纸上的记录工作，乔金贵在考古工地上发现的奇怪人骨已经被现场绘图员画了下来，张补财的任务是把这样的图样描摹在便于保藏的硫酸纸上。

见多识广的老绘图员张补财并不知道，自己正在记录的这副骨架，对整个集宁路的考古工作，将具有不同寻常的意义。因为，正是从这副骨架开始，考古队意识到他们需要重新认识集宁路。

陈永志称，尸骨处在耕土层下，属于集宁路古城文化堆积当中最晚的一个时间段……那么说明这个人的死亡年代和集宁路古城的湮没年代应该是相一致的。也就是说，这个人的死亡也就等于集宁路古城的彻底湮灭。

而这样一副重要的人骨，恰恰显现出极不寻常的面目来。

陈永志称，清理完毕之后，我们很吃惊地发现，他的一条腿，还有半个身体几乎不存在了。经过检测发现，有刀砍的痕迹。

这是一具被刀砍去了半边身体的尸骨。死者恐怖而凄惨的死状，令人不得不产生腥风血雨的联想。难道，在其背后隐藏的，竟是一场残酷的战争吗？而这个说法似乎也能解释先前发现的那具没有经过掩埋的人骨。那名死

▲ 元朝青花云凤纹高足碗

▲ 出土的釉里红玉壶春瓶

者有可能也是在战争中死去的。兵荒马乱之际，竟然始终没有一个人顾及他的尸体，没有人来掩埋他，让他入土为安，让他的灵魂得到安息。于是他保持着死亡时的姿态，一直到数百年后。

三、集宁路毁于战争？

两具尸骨的发现，让考古队员们有些兴奋起来。集宁路，似乎并不像原来想象的那么简单，在这里，曾经有过疯狂的杀戮，而杀戮与战争，往往就意味着富有传奇色彩的历史。

对于集宁路古城的历史，队长陈永志曾经翻查古书寻找线索。他在《金史》和《元史》上都找到了关于集宁路的记载。然而，两本史书中的记载加起来也不过寥寥数语，唯一能够提供的信息是，这个古城作为城市建立于金代时的1192年，后来在元朝，它被升为路级城市。然而，集宁路在何时湮灭？在它湮灭的背后又隐藏着怎样的故事？这一切从史书上找不到任何线索。

一具触目惊心的残缺骸骨，似乎把人带入了那个古老的城市。有没有可能，正是战争摧毁了集宁路呢？

集宁路古城的四周城垣很快被探测了出来。陈永志在图纸上勾勒出古城的轮廓，探测结果让他非常吃惊。

陈永志称，通过这次勘探和勘测发现，古城的面积不足1平方千米。它实际上的面积，连现在的集宁路古城所在的古城子村的大小还要小。

陈永志感到有些失望。一个小得令人吃惊的城址，再加上带有战争痕迹的尸骨。难道，集宁路仅仅是一个毁于战火的、极不起眼的边陲小城吗？

然而，这样的猜测却遇到了重重疑点。经验丰富的陈永志感到有些迷惑，考古探测结果和历史上留下的关于集宁路的城市级别描述明显矛盾。民国年间，这里曾经发现一块元朝文宣王庙学碑，证明集宁路在元朝属于行政级别相当高的路级城市。

陈永志称，1976年，在出土集宁路文泉庙学碑的西南将近150米处又发现了一处窖藏，在其中一件丝绸衣物上面发现书写有“集宁路达鲁花赤总管府”几个字……随着时间的推移，还有空气的侵蚀，现在“集宁路达鲁花赤总管府”几个字已经难以看清了。这些字样和城内出土的集宁路文泉庙学碑相印证，确确实实证明集宁路就是元朝路一级的城市。

而路级城市，其地位就相当于今天的地市级城市。

陈永志称，探测结果确实出乎了我们的想象，它毕竟是路一级的城市，但是大小还不到 1 平方千米。它实际城垣面积的反差给我们留下了很多疑问。

逐渐增多的发现和明显存在的矛盾，让考古工作变得越来越有意思，也更加令人期待。陈永志渐渐意识到，隐藏在集宁路背后的那段历史，不像表面上看起来那么简单。

四、发现乱葬坑

又一轮探查开始了，为了确定第一轮的挖掘范围，必须先搞清楚古城遗址内各个区域文化层的深浅。

在考古工作中有一个基本原则，通常先从文化层比较浅的地方入手挖掘，这样能够避免在不了解的情况下开挖文物埋藏丰富的地区，对它造成破坏。

陈永志称，文化层指的是人类活动过的这一个区域。通过洛阳铲我们就可以把确切的土样提取上来，以判断这个地区有没有人类活动过，或者是有没有人类活动过遗留下的一些痕迹。在集宁路古城的东侧，通过我们的探测，在很浅的范围内，就发现了生土，它的文化层分布得也不是十分复杂。我们判断，它有可能是属于一个集宁路古城城市当中的一部分，属于公共活动的场所；也有可能是一个手工业作坊区，或是一个墓葬区，或是当作一个生活垃圾区。

挖掘工作从古城遗址的东侧正式开始了。

考古发掘动工后不久，老绘图员张补财就又接到了从考古工地上拿来的尸骨图样。他一丝不苟地描摹着，尽管他并不喜欢描摹类似的图样，因为，笔下的尸骨显得纷乱不堪，描起来很容易出错。

张补财很清楚，这幅图样说明，在集宁路上也挖到乱葬坑了。

陈永志称，我们听说的乱葬坑指的是殓葬人骨质的场所，我们发现了大量残存的人体尸骨，有头颅部分的，有肱骨部分的，还有髋骨部分的。还有一些骨质保存了人身体的一大部分，但是人体的其他部分缺失。

乱葬坑，对于考古队员来说，所意味的只有两个方面，要么是饥荒和瘟疫，要么就是战争。

在考古工作站里，陈永志正和队员宋国栋仔细察看着一堆刚从考古工地上带回来的东西。这东西沉甸甸的，极有分量，呈片状，从表面布满的锈迹来看显然是铁制品。

陈永志小心翼翼地查看着铁片上可能存在的小孔。他一看到这堆东西，就猜想这是一副铁制铠甲："尽管经过仔细查看，但从这副铁制铠甲上并没有发现什么别的信息，不过它的发现已经足以证明在集宁路的确曾经发生过战争。"

那么，同时发现的乱葬坑，也极有可能就是战争留下的遗迹。

在考古工作还没有真正深入的时候，集宁路首先展现在眼前的就是一处处战争遗留的痕迹。它们残存在古城土地的表层，上面掩盖的仅有其后数百

▲ 集宁路古城址出土的青釉缠枝牡丹纹三足尊

▲ 集宁路古城址出土的月白釉三足炉

年的浮土。很显然，这些痕迹讲述的应该是集宁路最后的故事。

然而，这一切到底是哪场战争的结果？

这副铠甲是哪位士兵或将士的戎装？这死状凄惨的人又是死在哪支军队的刀下？集宁路的覆灭的确是一个战火交加的惨烈故事，而这个故事却又显得如此遥远、如此模糊！

现在回过头来看，古城东侧一片区域面积并不大，但是对它的挖掘却持续了三四个月。在这几个月的时间里，考古队员们经历了一场耐心和毅力的考验。

考古队员每天日出而作、日落而息，然而，日复一日的挖掘工作却始终没有给他们带来任何惊喜。几个月下来，他们不但没有找到能将集宁路的故事深入下去的其他线索，更不用说在这里发现什么有价值的文物。

像零散碎瓷片之类的小东西，考古队几乎每天都能发现，队员们也一片不落地将它们都收集了起来。但是，连续几个月都只是和这些残破的东西打交道，所有人的情绪都受到了影响。

陈永志称，发掘的结果很出乎我们的想象，甚至连一件完整的器物也没有挖到。我们一些考古发掘队员，甚至包括我在内，都对集宁路古城的发掘工作有了一些疑虑。最主要的就是对集宁路古城的认识好像逐渐变得模糊起来。

▲ 集宁路遗址出土的青白釉佛像

就在考古工作陷入僵局的时候，陈永志无意中在一本关于内蒙古文物资料选集上有所发现。

选集上说，在 20 世纪七八十年代，内蒙古文物工作队曾经在集宁路古城遗址附近做过调查工作。他们留意到，当地很多村民的家里，居然或多或少都保存着一些文物。原来，那些文物都是村

▲ 集宁路古城西城门及瓮城遗址

民们在长期的耕种过程中从地里挖出来的。

陈永志称，当时的老乡还是非常淳朴的，也没有认识到这批文物有多重要。我们的考古队员就曾经用一个脸盆、一块香皂，从老乡的手中征集到很多完整的瓷器，还有一些铜器，甚至非常有价值的一些文物，当时也是用一些现在看来微不足道的东西换来的。

这个发现不得不让人产生了怀疑。难道，因为集宁路长时间无人问津，城中埋藏的文物竟然被附近的老乡你一件我一件地挖掘殆尽了吗？

从以往的经验来看，这样的推测也并非毫无可能，距离集宁路不远的另一个元朝路级城市净州路，就因为数度被盗掘，最终成为内蒙古考古界一个极大的遗憾。

陈永志称，我们对净州路古城所做的工作相对比较少，但主要原因是大部分区域被盗墓者或者是盗掘文物的人进行了盗掘。盗坑，在净州路古城的地面上比比皆是。从地面翻出的一些瓷片，还有其他的一些文物也都散落在盗坑当中。

五、被耕牛踩塌的窖藏

陈永志在内蒙古地区从事考古工作20余年，已经亲自挖掘了十几个古代城市遗址，其中不乏事前让人充满希望，挖掘之后却收获甚微的古城。然而这一次，就连陈永志自己也感到有些奇怪，尽管已经好几个月不见成果，他却固执地相信，集宁路不会让大家失望。

陈永志的坚持是有依据的。几个月来，陈永志查看了大量内蒙古地区过去的文物与考古简报资料，这些记录和他自己过去的经验都让他感觉到，目前的僵局，也许是考古队的挖掘位置有偏差。他相信，在集宁路这样一个已经显露出特殊之处的路级城市，必定会有所发现。

果然，就在陈永志又一次进入考古工地察看挖掘进度的时候，转机出现了。

陈永志称，在2002年的夏季，我们的考古发掘正在进行当中，突然听到我们现场的工作人员讲，老乡在耕地的过程中，耕牛踩踏到了一个窖，我们马上派工作人员到现场进行清理。

这是一个深埋于地下、盛满了东西的大陶瓮。在集宁路，还是第一次发现这样一个如此完整的窖藏。

陈永志称，它是顶部用一个石板掩盖起来的大瓮，耕牛在耕作的过程当中，突然将石板踩塌，才露出了这座窖藏。

队员们没有想到，2002年集宁路考古工作中最大的收获竟然是在当地老乡的耕地里出现的。正像他们期待的一样，从陶瓮里取出的东西，每一件都足以弥补他们已经持续了数月的失望情绪。

陈永志称，其中有铜镜，有龙泉窑的高足碗，还有一些其他的铁器和零星的瓷器。这也

龙泉窑：开创于三国两晋时期，盛于南宋和元，衰于明，终于清，生产瓷器的历史长达1600多年，是中国制瓷历史上时间最长的一个瓷窑系。龙泉窑以烧制青瓷而闻名，釉色苍翠，北宋时多粉青色，南宋时呈葱青色。窑址有大窑、金村、溪口、松溪等多处，北宋时有20多处，南宋时有40多处。南宋时期龙泉窑得到空前的发展，龙泉青瓷进入鼎盛时期。

是2002年，我们在偶然的发掘过程中发现的第一个比较完整的器物窖藏。这个窖藏的发现，对于整个现场的考古工作人员来说，无疑是打了一针兴奋剂。我们感觉到集宁路古城内应该还分布有很多类似的窖藏。

这几乎已是一个不容置疑的结论。从已有的发现来看，集宁路曾经经受过战争，而深埋地底的窖藏又一次证明了战争的存在。当战火临近之时，居民们纷纷闻风而动，他们把无法带走的财物装入牢固的大瓮，深深埋藏起来，希望战争结束之后能够重返这里，取回财物。

那么，眼前的陶瓮显然只是大量窖藏当中的一个。而整整一个城市，曾经有多少人采用了相同办法来保藏自己的财产？恐怕是不可胜数的。对于考古队员来说，想象这样的场景是很令人兴奋的。

这同样是一个引发无穷联想的考古结果。当年的人们煞费苦心地埋藏财物，最终却并未能像期待的那样重新拥有它们。直到数百年后的今天，这些东西才又重见天日。

如此看来，当年的那场战争，似乎已经彻底摧毁了集宁路，断绝了人们重返家园的一切念头；抑或是那些埋宝的人们，并没能逃脱战火的杀戮，而使得他们埋藏的财物成为地下永久的秘密。

2002年的集宁路考古，尽管似乎并没有太大收获，却始终伴随着无穷的联想。而所有的联想，又都离不开两个字——战争。

六、碎瓷片中的惊人发现

在那个窖藏中，考古队员发现了很多财物，简直让人有眼花缭乱的感觉，其中出现的一些珍贵瓷器引起了考古队长陈永志的思索。前几个月，在集宁路遗址的泥土里，陆续出土了大量碎瓷片，但是始终没有引起考古队的重视。现在看来，那些碎瓷片也许值得仔细研究。

碎瓷片已经被运送到附近的工作站存放起来。为了准确地鉴定它们，陈永志请来了北京大学考古系的古瓷器专家权奎山。

▲ 集宁路遗址

呈现在眼前的是数量众多的瓷片，它们被洗净了，颜色各异、厚薄不一，闪现的光泽也是差别纷呈。

权奎山和随行的研究生们花了 1 个月，才把集宁路的碎瓷片分类登记完毕。出人意料的是，这里竟然包含了当时中原七大窑系的瓷器，几乎涵括了元朝中原地区的所有窑系。

权奎山说，我初步归纳了一下，主要都是来源于内地。比如说里面有浙江龙泉窑的产品，还有江西景德镇窑的产品。这两个窑都是南方的。另外产自北方的就更多了，产自钧窑系和磁州系的产品，还有产自耀州窑的产品，同时还有定窑的产品。特别珍贵的是产自山西瓷窑的一些产品，它们在其他地方都是比较罕见的。

这个结论让权奎山自己都大吃一惊，让陈永志更加感到难以置信。

陈永志称，如果这些瓷器发现于中原地区，或者是发现于瓷器的产地，可能我们会感觉到没有什么特别之处。但是它恰恰发现于农牧结合带的内蒙古草原地区，在这个农牧结合带发现中原七大窑系的瓷器，而且出土量非常之大，种类也非常之丰富。这种情况，应当说在我国的考古学史上还是前所未有的。

考古挖掘的第一年，从集宁路出土的碎瓷片就已经放满了工作站的好几间屋子，队员宋国栋被专门安排在这里对瓷片进行整理和登记。

七大窑系瓷器的发现，使得集宁路从先前的毫无考古价值，陡然变成了一个瓷器考古史上的奇迹。不出陈永志所料，集宁路果然并非等闲之地。

然而，陈永志始终感到疑惑，为什么在集宁路这样一个北方草原城市，竟然存在着如此众多来自中原各地的瓷器？他甚至猜想，有没有可能，这些瓷器是集宁路人自己模仿着烧制的呢？

陈永志称，我们考虑这个地区的人们是不是在自己烧造瓷器，进而推想是不是有瓷窑。

很快，考古技工就在集宁路遗址上找到了一些窑址。然而，经过仔细鉴别，陈永志并没有从中找到瓷窑。

陈永志称，后来我发现这些窑址实际上和烧制瓷器没有关系，它们可能是炼铁或者是炼铜的窑址，或者是烧制其他砖瓦的窑址，而不是烧瓷器的窑址。

通过对当地土质的分析，陈永志发现，这里不仅无法模仿烧制出当时中原各窑系的瓷器，就连普通瓷器也不大可能烧制出来。

陈永志称，因为当地的土质碱性都非常大，黏度也非常大，或者是非常粗糙的黄土，或者是红土。所以当地的土质不适合烧制瓷器，但是不排除烧制一些比较粗糙砖瓦的可能。

由此可以确定，出现在集宁路的绚丽瓷片，的确是来自当时的中原各地。集宁路，似乎具备一种特殊的地位，使得中原各大窑系的瓷器一种不落地汇聚在这里。

那么，这里到底拥有一种怎样的特殊地位？而这个具有特殊地位的城市，拥有着足以炫耀后世的物质财富，会不会是因为这个令集宁路招致了毁灭性的战争呢？

七、又一堆奇怪骨骸

绘图员张补财又有活干了。考古队在寻找瓷窑的过程中，又发现了一处埋葬骸骨的灰坑。这个时候，出土人类骸骨对于找到那场毁灭性战争的线索显得十分重要。更何况，这一次被发现的又是一个奇怪的葬坑。

陈永志称，这座墓葬也很奇特，它是一个圆形的大坑，坑内埋葬着两个大人，还有两个小孩，在大人的一具尸骨上还发现了一些烧焦的衣物。

这是一个令人惨不忍睹的杀戮现场。大人和孩子无一幸免，从尸骨上看，其中的一名大人很有可能是被焚烧致死。如此残忍的场面，当然只能属于战争。

然而，当考古技工对这个葬坑进行仔细清理的时候才发现，这个来源于战争的遗迹，其实和他们的考古目的毫不相干。

陈永志称，它的开口层位，经过我们确认在四层下。这个文化层，我们初步判断属于金朝的地层，在金朝的墓葬里发现两个大人和两个小孩共同葬在一个坑中，而且这个时间段恰好和蒙古灭金的时间段是相吻合的。也就是说，当时蒙古人在攻打集宁路古城的过程中，有可能曾经对集宁路古城采取了一些战争措施。

这个葬坑意味的并不是一场摧毁集宁路的战争。然而，当另外的一场战争初现端倪，并且能够被清晰地判断出对战双方的身份，考古队员也对那场集宁路的终结之战感到愈加好奇。但是他们很清楚，要清晰地描绘出城池湮灭之前那个战火纷飞的画面，还需要做更多的考古挖掘工作。

八、发现商业街

由于 2002 年在古城东侧的挖掘工作收获不大，进入 2003 年，考古队把挖掘重点放在了中西部。在这个范围内，考古队员很快就兴奋了起来。

当地表耕土层被揭开以后，大面积的房舍遗址露了出来。经过整整 1 年的长时间等待，具有城市特点的遗迹才第一次出现在眼前，队员们此时并不知道，这片遗迹所意味着的含义远非一批房舍那么简单。

陈永志称，后来通过对这批房屋的分析，我们感到这批房屋的出土，可能在考古学上有一种其他的含义。

出土的房舍遗址规模很大，它们分布在一条近200米长的街道两侧，显得相当整齐，一目了然。仔细一看就会发现，每所房舍普遍是相同的结构布局。

陈永志称，这些房屋，一般是成组地分布，每一组房屋应当是一个独立使用的单元。这些房屋群由三部分组成，第一部分是临街的房屋，房屋的面积非常小，然后靠里侧是它的生活区。为什么这么说呢？因为靠里侧的房屋面积比较大，而且里面有火炕分布。再向内又是很简单的一个大型的院落机制，这个院落机制显得比较空旷，里面的生活设施比较单一甚至没有，只有残存的墙基。

这一大片特征明晰的房舍遗迹，让陈永志有“山重水复疑无路，柳暗花明又一村”的感觉，先前的很多疑问或许都能从这里找到答案。

陈永志称，这组房屋显然有它特殊的用途，根据它的结构特点来判断，它应当是一处非常完整的市肆遗迹。为什么这样说呢？因为临街的房屋，一般情况下是没有固定生活设施的，而且开间比较小，这显然是类似于现在的门面房，它是做买卖的地方。

而在一个面积不足1平方千米的小城里，一条200米长的街道两侧分布的都是做买卖的门面房，这又意味着什么呢？陈永志禁不住开始猜想，也许这片市肆遗迹所代表的竟是整个集宁路古城的特点，也就是说，很有可能，集宁路古城在遭到废弃之前，是一个商贸中心。而这个结论，恰好能够解释为什么在一个北方草原城市，竟然能发现如此众多的中原瓷器；并且，集宁路也很有可能是因为它重要的商贸地位，而被破格升为路级城市的。

顺着这样的思路，考古队开始沿着这条街道继续挖掘。当他们挖到古城的最西侧，到达西城墙边缘的时候，一个意料之中，却也在意料之外的结果出现了。

陈永志称，顺着这条街道一直往西走，就直接到达了集宁路古城的西门。

一条直通城门的街道，好比北京的中轴路，它无疑应该是城市中最重要的街道。而这样一条重要街道，其主要功能是商贸。那么，集宁路作为商贸中心城市出现，应该就能从这里得到证实。

陈永志认为集宁路古城的一个主要功能应该是商品交换，或者是进行商业贸易。

九、城市的富庶招致了战争？

而这个结论，很容易就使人再次联想到发生在集宁路上的那场毁灭性的战争。

陈永志称，作为商业城市来说，集宁路的商品是非常充裕的，商人腰包里也是有很多钱的。这些殓葬的尸骨，或者是围绕着集宁路古城发生的这些战争，是不是和劫掠财富有直接的关系？

尽管从挖掘的一开始就陆续发现了许多古人的骸骨，但是回想起来，竟然没有一具骸骨能够提供真正有用的线索。此时的考古队，对于挖掘尸骨已经有些意兴阑珊，但就在这时，一具无头人骨出现了。

▲ 集宁路古城街市遗址

这是一具显然经过了掩埋的尸骨，在它的周围，有人用石头为它堆砌了一个长方形的墓框。

陈永志称，根据颈部的骨头与头部地区的墓框边缘距离来推测，墓区应当是放不下一个人的头颅的。根据这个情况判断，这个人在生前头已经被砍掉了。在埋葬之前，他的头颅已经没有的了。

绘图员张补财在描摹这具尸骨时就觉得，笔下的骸骨显得有些异乎寻常。而正是这副尸骨，使得那场久远的战争画面，似乎变得清晰了许多。

陈永志称，根据这种埋葬的情况，这个人要么是在他生活中，或者是在他生存的时代，触犯了国家的某一项法律，导致头被砍掉了，这是一种可能。再一种可能就是战争，在战争的过程中他的头颅被砍掉了。第一种我们认为不太会存在。如果是因为触犯了国家的刑法，头颅被砍掉的话，那么他有可能被埋葬在城外，而这具尸骨的埋葬地是在古城的东侧。

很有可能，这是一名来不及逃走的居民，当入侵的军队占领了城市，他被残忍地砍头，随后被同伴在城中就近悄悄掩埋了起来。

如此看来，入侵的军队或许曾经在集宁路城中逗留过一些时日，他们短暂地占领过这里，而占领的目的，很可能就是掠夺财物。

难道，集宁路真的是因为自身的富庶而招致灭顶之灾的吗？那又会是怎样的一支军队，竟然彻底摧毁了整座城池，让它再也没有出头之日呢？

十、一户人家就拥有中原七大窑系的瓷器

一段时间以来，考古队成员小巩一直在寻找着什么。刚刚挖出的大面积房舍遗址，让队长陈永志非常兴奋。如果在接下来的挖掘中，能够找到更具特点的埋藏，也许就将更快地揭开集宁路的毁城之谜。

尽管小巩进入考古队的时间并不长，但他在考古现场的感觉总是很准确，他很快就在市肆遗址的东侧发现了有些异常的房屋遗迹。

小巩称，在清理市肆遗址靠东的一部分房屋中，我们发现有一组房屋特

▲ 元朝卵白釉印花花口碗

▲ 集宁路遗址出土的白釉高足碗

别奇特。首先体现在它的房屋结构上，比起其他的房屋要复杂一些，此外房屋的占地面积也比较大。

在老技工乔金贵的帮助下，这组结构奇特的房舍遗址逐渐被清理出来，等到队长陈永志赶到现场，遗址已经露出了一大片。出现在眼前的，是和先前街道两旁的门面房大相径庭的房舍群。

陈永志称，经过我们初步的分析和统计，这组房屋有大小不等的房间将近30处。

陈永志很清楚，这是挖到有钱人家的房屋了。这可能会是古城考古中最让人兴奋的发现。因为根据以往的经验，在这样的房址里，很可能挖出价值丰厚的宝藏。而且往往会有一些意想不到的构件出现在这种房址当中。陈永志隐隐期待着，那场毁灭性的战争说不定能在这所大户人家留下零星的线索。

果然，就在这组房屋遗址里，考古队很快就挖到了深埋地底的大型陶瓮。看来，当战争逼近之时，这户人家也采用了普遍的方式——将无法带走的财宝装入陶瓮埋藏了起来。

元青花瓷：以景德镇为代表，其制作精美而传世极少，故而异常珍贵。大致分为延祐期、至正期和元末期三个阶段，以“至正型”为最佳。元青花瓷开辟了由素瓷向彩瓷过渡的新时代，与中华民族传统的审美情趣大相径庭，是中国陶瓷史上的一朵奇葩，同时也使景德镇一跃成为中世纪世界制瓷业的中心。

每次出土的陶瓮里，总是压满了浮土。队员们仔细地清理着浮土，尽量避免碰坏下面的器物。

然而，一铲一铲的浮土被挖了上来，直到陶瓮底部，仍然是空无一物。

这样的结果让人极为意外。难道，当时的情形已经十分危急，这户人家竟然来不及装入财物就匆匆逃离了吗？

谁也没有想到，就在清理这个陶瓮边缘泥土的时候，一个小小的瓷罐出现了。

陈永志称，我们当时以为这是房屋里面很普通的一个生活器具。因为它是个瓷罐，而且它的上面也没有掩盖什么东西。后来我们对瓷罐内的泥土进行清理之后惊奇地发现，里面放着 6 件青花高足杯。

青花瓷器，尤其是元朝的青花瓷，对考古人员来说，是非常稀罕的文物。

陈永志称，元朝的青花瓷器目前发现得非常少。有人做过统计，国内外所有的元朝青花瓷器加到一块，包括流传的，也包括考古发掘出土的，也就将近 500 件。

在元朝，青花酒具是贵族非常喜爱的奢侈品。那么，如果这户人家的主人也是商人，他必然是具有相当地位的商人。

随后，一个接一个的惊喜陆续出现了。在短短 1 个多月的时间内，考古队竟然挖出了 9 个窖藏。

从这些窖藏之内取出的，大部分都是瓷器。根据统计，单是从这一户人家出土的瓷器，就包括了当时整个中原地区七大窑系的瓷器。这不得不让人猜想，难道这户人家恰好就是一个贩卖瓷器的商人家庭吗？

然而不久，陈永志对这批瓷器进行了仔细鉴别，鉴别的结果是，几乎所有的瓷器表面都有使用过的痕迹。

陈永志表示特别是一些白瓷，经过长时间的使用之后，表面的那层釉光基本就磨掉了，甚至露出里面的胎体。还有一种特别明显的现象就是这些瓷器已经打破过了，是后来有人又把它黏起来的。

这就说明，出现在这户人家的所有瓷器，都不是用于交换的商品，而是自家使用的器具。

这个集宁路上的大户人家，拥有普通人无法获得的高档酒具，而他的家用瓷器竟然囊括了当时整个国家各处分布的瓷窑产品。对于陈永志来说，这里的发现，也许展现了当时一个有钱有势人物的日常生活。而这又何尝不能说明集宁路上商业活动的兴盛呢？恐怕也只能在那样一个难以想象的繁荣之地，才能让一户人家同时拥有如此众多的绚丽瓷器。

随着集宁路上越来越多的细节被发现，随之产生的疑惑也在不断增加。一个占有非凡地位的兴盛之地，难道仅仅因为它的富庶，就招致了毁灭性的战争吗？而这样一个地方，又怎么会没有人为它进行战后重建呢？真的只是战争导致了这一切？还是另有不为人知的原因呢？

十一、瓷器上的墨书

2004 年，集宁路的考古挖掘工作已经进入第三个年头，在前面的工作中，考古队挖到了不计其数的尸骨。所有尸骨全被运到工作站集中放置。

考古队仍然对它们抱有希望，这毕竟是集宁路古城最后的见证，不管那个灭亡故事是在战火硝烟中落下帷幕，还是伴随着其他的什么枝节，在缺乏更多线索的情况下，这些尸骨显然是重要的证物。

2004 年初夏，陈永志铺开了集宁路考古工作中最大的一张图纸，开始记录古城的全貌。

为了配合陈永志记录集宁路全貌的工作，考古队开始了新一轮的探方工作，他们必须把城内四通八达的道路网络探测清楚，这是搞清整个城市结构的关键一步。

▲ 元朝青白釉刻花莲花纹盘，其足底有墨书“宴”字

乔金贵在一片玉米地边，凭借目测寻找古城道路。眼前的玉米地在旁人看来并没有特别之处，而他的法眼却能从中看出古道的所在。有一排玉米苗相比之下长得稍低一些，这个位置正是集宁路故道，因为道路夯土层非常密实，庄稼自然难以生长旺盛。

寻找两条道路相交的十字交叉部位，是一种快速找出道路网络的办法。当这些交叉点一个个出现在图纸上，道路结构就一目了然了。

出现在眼前的，是一个元朝古城完整的城市结构图。

这是一个非常成熟的城市布局，道路密集，并且四通八达，交通显然非常顺畅；城中各区域分工明确；各处房舍的结构也相当合理，排水设施以及供暖设施都十分完备。

陈永志称，根据它的道路和街道的分布情况看，这座城市的发展还是非常成熟的。

这时候，在集宁路上已经出土了相当多的瓷器。这些瓷器，竟然成为研究集宁路城市功能的最好资料。

陈永志发现，在许多瓷器底部都有墨书。2003 年发现的那所大户人家，经过墨书辨认，竟然是一个大型药铺。

陈永志称，在一些有“枢府”釉瓷器的底部，写着字体非常大的一个“药”字。还有一个碗底上，干脆用墨书写有“王宅药铺”这 4 个字。

在当时的集宁路，人们显然大都有在瓷器底部书写、标明所属的习惯。

除了从瓷器墨书上发现“药铺”，还有“煎饼铺”“仁和馆”等字样。

陈永志表示，比如说其中有“太和馆”，这显然是馆舍类的东西，属于一种民间组织或者是官府类的组织。还有“桂春馆”，显然是类似于妓院之类的一种机构。还有寺庙有“太和寺”的字样。

这些各个行当的书写者无法预料，自己的随笔一书，竟给后人提供了宝贵的研究资料。

陈永志称，集宁路古城，作为一个商业城市，它不仅限于有一套完整的利于商品交换的行政结构，还有相应的一些配套设施，或者是附属设施。它的城市功能应当是比较完备的。

集宁路古城，显然是经过古人长期建设而来的，结构合理、居住条件优越的城市。这里曾经显示一派富庶繁荣，来自四面八方的商人云集于此，丰富的商品在这里源源不断地输入与输出。这里的富人们享受着从全国各地运送而来的珍贵物资，各种各样的馆舍与设施在城中星罗棋布。

难以想象，如此成熟而完备的一座城池，在生活物资并不十分丰富的古代社会，怎么会遭到彻底的废弃呢？即便有毁灭性战争在这里爆发，后来的人又为什么没有兴趣回到这里重新生活，而任由它被历史的风沙淹没至今呢？

十二、铜钱上说明的重大问题

尽管自己并非研究古人骨骼的专家，陈永志还是决定亲自研究发掘的尸骨。

尸骨数量相当庞大，陈永志一连好几个晚上掩门闭户地悄悄研究，却始终毫无头绪，每一块骨骼都保持着缄默。单靠观察和触摸，要找到其中更多的秘密和线索，似乎根本没有可能。

▲ 元朝青釉龙首龟身砚滴

五铢钱：我国钱币史上使用时间最长的货币，也是以重量作为货币单位的钱币。从西汉武帝元狩五年开始，直到东汉末年为止，至唐武德四年发行“开元通宝钱”为止，除少部分时期（如王莽统治时期）外，前后流通700余年，是中国历史上铸造数量最多，流通时间最久的钱币。五铢钱奠定了中国圆形方孔的传统，象征着天地乾坤。

陈永志称，我们对这些殓葬的尸体的骨骼进行了系统的分类和分析。但是，由于我们都是属于专业的考古发掘人员，不是研究体质人类学或者是进行尸骨研究工作的，所以对这些尸骨上面究竟留有何种痕迹，乃至对它们做出确定性的结论，对我们来说是比较难的一件事情。

这些重要的证物只好被放弃了。集宁路的毁城之谜，随着考古发现的日益增多，而变得越来越纷繁复杂、疑惑重重。陈永志感到有些茫然。除却眼前的尸骨之外，还能从哪里入手寻找答案呢？

考古工地上，一处特殊的掘坑正在清理中。许多用于炼铜的小型坩埚出土了。老技工无意中还清理出来一枚布满铜绿的钱币。考古人员判断，这里很可能是一个铸造铜钱的作坊。

铜钱，也是这次出土数量庞大的文物之一。

在一个商贸中心城市发现大量铜钱，本是理所当然的事情。然而，当陈永志对出土的铜钱进行清理的时候，却被眼前的景象弄得一头雾水。

陈永志称，通过我们的整理发现，这些铜钱绝大部分是宋朝的，还有金朝的铜钱，其中有少量五代时期的铜钱，甚至连以前列朝的铜钱也有。比如汉朝的五铢钱、王莽时期的“货泉”，还有唐朝的“开元通宝”，元朝钱币只发现了很少一部分。

而这些钱币，在窖藏之中被大量发现。很显然，当年准备逃亡的人们，是把这些钱币当作和瓷器一样具有价值的物品进行埋藏的。那么，唯一的解释就是，这些不同朝代的钱币，在当时的集宁路，全部都在用于流通。

陈永志隐隐感到，从这里，也许可以找到将毁城之谜继续推理下去的线索。一个直接的问题就是，在集宁路上的元朝人，为什么要使用前朝货币呢？

对于早已熟知元朝历史的陈永志来说，他很容易就从这个问题联想到了元朝的货币政策。

陈永志称，元朝政府大量发行纸币，而不鼓励铸造或者是发行铜币。

而在集宁路，则根本没有发现一星半点的元朝纸币。事实上，在陈永志对集宁路的地理位置做过研究之后，他发现，集宁路人的确很少需要使用纸币。

经过对元朝地图的研究，陈永志认为，在元朝，统治者极度重视对外贸易，当时的中国不仅充分利用了海上运输，也极有可能从北部开辟了一条通往西方的“草原丝绸之路”。

陈永志称，中原大量的商品，由集宁路、净州路或者是德宁路输向漠北哈拉和林地区，再由哈拉和林地区，通过它西部的一些城市，比如说称海、谦州等，直接向西方输出一些产品。从这个角度来看，集宁路显然是作为一个商贸中转站的角色出现的。

如此看来，当年在集宁路上从事商贸活动的，很可能包括大量来自域外的西方商人，这些商人又怎么可能使用元朝纸币呢？

陈永志表示，外国商人是不认可元朝发行的纸币的。他们只认可金属货币，所以只能用金币、银币，或者铜币。

这就为集宁路上出土的大量铜钱找到了解释。在当时的集宁路，商人们似乎遵循着一套自成一体的交换规则。他们自觉地摒弃了元朝的纸币，而想方设法地利用起了铜钱。不管这些铜钱来源于何处，出自何时。

而出土的这些数量不菲的坩埚，似乎又为这样的解释加上了一个注脚。集宁路上的商人们使用铜钱似乎已经达到一种完全不拘小节的地步，他们甚至大量私自铸造铜币，使用的就是这样的坩埚。

从出土的铜钱中，能够轻易发现大量做工非常粗糙的钱币。可以看出，在当时的集宁路上，私铸钱币、粗制滥造的情况已经到了非常严重的地步。

眼前的景象，不禁让陈永志猛然有所醒悟。混乱的经济政策，导致严重的民生凋敝与社会动荡，正是整个元朝走向灭亡的根本原因。难道，此时的集宁路，已经处于行将没落的元朝末期了吗?

十三、改朝换代的战争?

挖掘工作已经进行到了古城外围。考古技工乔金贵对西城门做了绘图记录。在完全清理之后他们发现，作为军事防御设施出现的西门瓮城，居然有人类居住的痕迹。

瓮城：为了加强城堡或关隘的防守，而在城门外修建的半圆形或方形的护门小城，两侧设有箭楼、门闸、雉堞等防御设施。瓮城兴盛于五代和北宋时期。明朝重视对城市的防御，在南京应天府、中都凤阳府等关城均设置了瓮城。

这似乎可以说明，当时的集宁路，已经不需要做军事防御。而从当时的历史分析，在元朝，集宁路已经位于国家的腹地，自然也就不再需要对外防御。

这样的推理，让陈永志终于茅塞顿开。

陈永志称，如果一旦在集宁路古城地区有战争的痕迹，那么它很有可能是一次非常大的战争，或许是一场改朝换代的战争，而并非一般的小型战役。

事实似乎已经非常清晰了。发生于元朝的改朝换代之战，当然就是明朝军队的灭元之战。

在《元史》上，陈永志找到了明军北伐的路线。然而，和他的记忆一样，史书所记载的明军北伐路途中，并没有提到集宁路，这也是熟知元史的陈永志之前一直没有将这次北伐之战与集宁路的湮灭联系起来的原因。

此时，陈永志并不打算简单理解这段记载。他认为，古籍记载往往言简意赅，这段简略的文字背后，显然还存在着推想的空间。

陈永志称，史书中曾经明确记载，明朝著名的将领常遇春和徐达，他们率领的中路军曾经打到过大同，从大同直接北上。集宁路古城离大同是很近的，直线距离不足 100 千米，它又是一个商贸重镇，因此徐达、常遇春打到大同之后，不可能不打集宁路。

这场战争以明军的胜利告终，从此天下改称大明。元朝覆灭，蒙古人往北撤退，在北方建立北元政府，开始了和明朝长达 200 多年的拉锯战争。此时，过去的元上都被明朝政府当作了防御北元的重要卫所。而位于元上都南面的集宁路，尽管曾经一度繁荣，在这时却被视为毫无价值。它在地理位置上不具备军事防御功能，原有的商业贸易功能已经没有用武之地。于是，这个城市在被元朝政府无奈抛弃之后，随即又被明朝政府永远地废弃了。

十四、另外一场战争？

这似乎已经是一个完满的结论。它把集宁路由盛转衰，最后完全败落以至于被历史遗忘的来龙去脉解释得清清楚楚。然而陈永志仍然在思索。3 年的考古挖掘过程中，许多细节仍然疑点重重。

▲ 金朝青釉刻花碗

最大的一个疑点是陈永志从全城图上发现的。

▲ 龙泉窑系瓷器碎片

全城图的东部是考古队最先挖掘的区域，当时他们曾经得出结论，这是一个文化层很浅的区域，也就是说，在这里，古人生活的痕迹很少。

而到了如今，图纸上出现了一些标识，那是考古队挖掘出土的多处乱葬坑。疑点出现了。如果明军北伐经过集宁路之后，城市从此毁弃，那么，这些明显被人掩埋的乱葬坑又是怎么回事呢？

从乱葬坑所处位置来看，掩埋者显然还经过了一定的思考，他们选择了城东这样一个生活区之外的区域，埋葬这些散乱的尸骨。这样的迹象表明，埋葬战后尸体的人们，应该还在集宁路上继续生活过。而大量奇怪的窖藏似乎也能说明这一点，很多明显藏匿物品的大瓮被空空地留在地底，却在离它很近的地方埋着盛满物件的小罐。

陈永志称，在这个窖藏埋藏之后，战争过后，回来的人们发现这个地方有窖藏，便把窖藏里的贵重物品拿走。但是他们不知道这个缸体的外侧还有东西。

种种迹象似乎都在说明，战争之后，人们曾经回到集宁路，而且在这里继续生活过。难道，明朝建立之后，集宁路还曾被重新启用过吗？

如果是这样的话，那些并没有经过埋葬的战后尸体又怎么解释呢？

陈永志认为集宁路古城还有可能经历过另一次大的战火。而那场战火，应该是发生在明军北伐之前。

又一个难题出现了。在史书上，陈永志没有找到任何字眼，能够说明发生在集宁路上的另外一场战争。事实上，在陈永志的记忆中，他从来没有看见过关于集宁路之战的任何史料记载。明军的灭元之战经过推想才得以浮出水面。然而，另外的那场战争，又能从哪里推想呢？

在书堆中徘徊了数日之后，陈永志又一次查看起那些瓷器底部的墨书来。他在此之前就曾经发现，在一些瓷器底部的墨书上记载了年号。当时他并没有完全意识到这些年号的更多用途，如今他突然想到，从集宁路人自己的记载中，也许可以找到关于另外那场战争发生时段的线索。

当陈永志查找完所有写有年号的瓷器，又一个推想产生了。

陈永志称，集宁路古城所有的瓷器当中，写有年号的瓷片，没有一件是晚于“后至元”这个时间段的。那么也就说明了一个问题，在后至元年间，集宁路古城的瓷器供应已经是中断了。那么“后至元”和什么年代相衔接呢？正好是和“至正”年间相衔接。那么“至正十一年”，也就是1351年，正好是元末红巾军大起义开始的年代。

陈永志有些激动，如果发生在集宁路的另一场战争真的是红巾军起义之战，那么一切就都能得到解释。

在一本元朝人所写的札记《至正直记》里，陈永志终于找到了印证。

红巾军起义：由韩山童、刘福通、徐寿辉等领导的元末农民大起义，爆发于元顺帝至元十一年，因起义军头裹红巾，故称“红巾军”。在红巾军的影响下，全国各地农民纷纷响应。虽然后来被元朝军队剿灭，但导致了元朝的迅速衰败，以致最终灭亡。

陈永志称，这本书中明确写到，红巾军攻占了元上都之后，已经控制了元上都周围近千里的范围。集宁路和元上都的距离将近500千米，所以它也应当在红巾军的控制范围之内。

十五、集宁路湮灭之谜终解

至此，集宁路毁城之谜有了合理的解释。

1351年，直接针对元朝政府的农民战争——红巾军起义从集宁路横扫而过。无从考证，他们是否也曾风闻集宁路的富庶，而在这里实行过劫掠。然而，这场战事并没有成为改朝换代的战争，它被元朝政府迅速平息，战后，居民们陆续返回集宁路，他们收拾战场，掩埋尸体，重新开始过自己的日子。

有的人甚至悄悄挖掘别人在战前掩埋的财物。一切似乎回到了轨道。这样的日子一直持续了10年，10年之后，风雨飘摇的时节再次到来，居民们又听到了战火的消息。

曾经经历过战争的人们坚信自己还能回到这里重建家园。他们尽可能地埋藏着那些无法被带走的财物，等待战争过后再次取回。他们并不知道，自己再也不可能见到这些东西了。

因为，迫使他们再次离乡背井的是一场改朝换代的战火。元朝灭亡，明朝开始了。

明朝政府和逃离北方的北元政府进行拉锯战期间，集宁路北方的元上都被明军作为军事防御基地镇守着，没有人知道集宁路的存在。

200多年以后，明朝开始采取以守为攻策略，把北边防守卫所全部撤到关内，集宁路从此成为明朝长城外一个无人问津的地方，无论汉人还是北元的蒙古人，再也没有来到这里。集宁路上的人们，早已不知逃离到了何方，而经历战火遗留下来的一切，逐渐被野草覆盖。

一个城池，就这样消失得无影无踪了。

在成都东风大桥的一端，有一条老街名叫椒子街。在民间，椒子街的来历有着多种说法，一说此街原有一棵高大的山胡椒树，可以入药，故叫椒子街；二说此街因距东门大桥码头很近，曾是商贸、货运集散地，成都平原盛产的辣椒都从这里运往各地，因此，街名中的椒当源自辣椒。

今天，椒子街有一面雕塑着钱币的艺术墙，据说是为纪念1000多年前交子的诞生。

交子传奇

余世宽老人常年住在椒子街。无独有偶的是，他一生都在与货币打交道。早年在中国人民银行工作近30载，20世纪末调入农业发展银行从事信贷管理及金融研究，曾发表过多篇论文和著作。

退休后，余老一直致力于对交子的研究。冥冥之中，似乎注定了他与交子解不开的缘分。为弄清椒子街的历史，余老查阅了许多资料，始终未找到答案。几经周折，他找到了成都市民政局区划地名处。

余世宽说，椒子街到底是哪个椒字呢？我查阅了大量史料，包括明清的府志、县志，都没结果。后在成都市地名办终于查到光绪五年成都的地图，上有椒子街，不是“交子街”。

那么，世界上第一张纸币交子在成都的印制地，究竟在哪里呢？

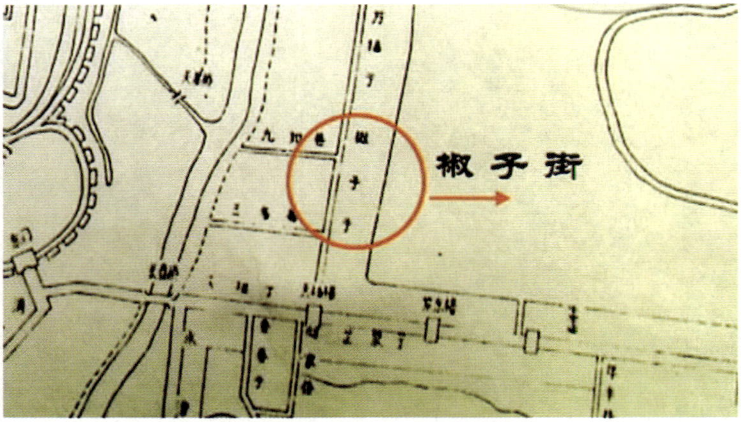

▲ 光绪五年的成都地图

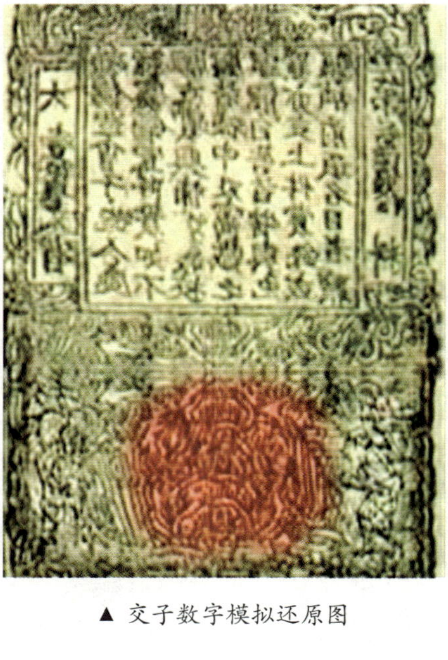

▲ 交子数字模拟还原图

交子是诞生在北宋的一种纸币，是世界上最早的纸币。如今纸币平常而普通。然而在余老眼中，1000 多年前的纸币交子，无疑是人类货币史上一座伟大的里程碑。

余世宽称，大家不一定知道，人民币就是交子的子孙后代。如果现在仍使用铁币，会是怎样的情况？史书有记载：买一匹绸缎，要花一百三十斤（65 千克）铁币。

自从有了人类，就有了交换历史。早期人类用以物易物方式进行交换，这种状况持续了几千年。后来，人们用等价物，如海贝等作为纽带进行生产、消费间的等价交换。走进货币历史后，则用更为便利的金属铸币，如铜贝、布币、刀币作为货币进行交易，金属货币历经 2000 多年，直到北宋交子诞生。

交子最早的雏形出现在什么时候呢？

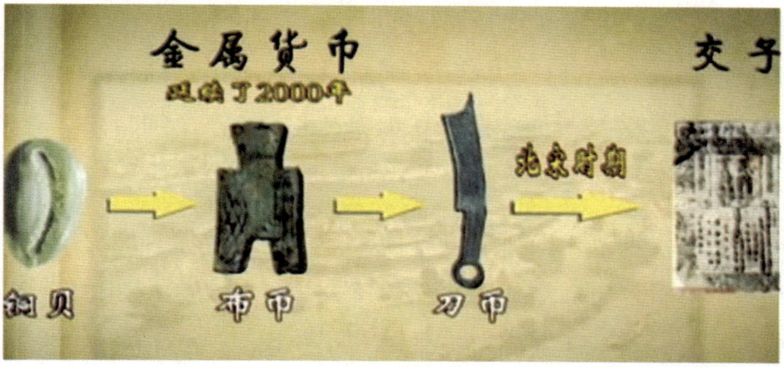

▲ 货币的演进

据《续资治通鉴》记载：北宋淳化四年，自王小波、李顺起义后，四川停止铸造铁钱，民间钱益少，私以交子为市。说明交子最早出现在993—994年。此时的交子，只是纸币诞生前的胚胎孕育阶段，是由成都的钱庄私自印制、限定使用范围、代替货币交易的信用凭证，后人称它为私交子。

王小波、李顺起义：993年，王小波、李顺在青城县发动起义，首次提出“均贫富”的主张，并建立大蜀政权，控制四川大部，后被宋政府镇压。起义提出的“均贫富”的口号，是唐末农民大起义提出的“均平”思想的继续和深化，标志着中国农民战争进入了一个新阶段，对以后的农民起义具有深远的影响。

交子为什么会诞生在这一时期呢？

960—1279年的宋王朝，从王朝建立到消亡，北方外患从未中断，最后被元军灭亡。然而，这个朝代却是中国历史上经济、文化、科技、教育乃至社会最为发达的时期。

民俗专家袁庭栋称，北宋有个国策，抑制武将之权。把带兵、治兵和指挥权分予同级文官，且比武官权大，抑武扬文。在这种政治氛围下，给了知识分子比较宽松的环境，有了创新空间。比如要上书言事，少了许多顾忌。

正是基于这样相对宽松的环境，整个社会迸发出空前创造力。火药、指南针、活字印刷术的创造发明，儿童启蒙读物《三字经》《百家姓》《千家诗》的集中编写，科举制度的最后完善等都在这一时期发生。英国学者李约瑟在他的《中国科学技术史》中说：“每当人们在中国的文献中考查任何一种具体的科技史料时，往往会发现它的主要焦点就在宋朝。”

袁庭栋称，宋朝商业比较繁荣，国家财赋收入中，商税如酒税、茶税的比重很大。商业的繁荣促使经济运转力强劲。在整个中国封建社会，宋朝是市场经济最繁荣的时期。

1000 多年前的宋朝，物质文明和精神文明都达到了当时人类的最高峰。在这样一个经济繁荣和富有创新活力的时代，人类第一张纸币已经呼之欲出。宋朝的成都，正是带二江之流为一都会，四民州处、万商成渊的喧然名都会。也许成都的繁华与闲适从那时起便开始滋生为骨子里的东西。

2007 年，位于成都中心地带的红星路地块，因人民币 8800 万一亩（约 0.07 公顷）的拍卖价成为成都的地王。然而，正当开发商热热闹闹准备全面开发打造地标建筑时，一项考古发现却使正要上马的工程戛然而止。

2007 年 10 月，成都市文物考古研究院为配合项目的基础建设，对这里进行文物勘探。不料，竟意外发现一处距今近千年的唐宋街坊遗址。

成都市考古队专家谢涛称，这次发掘出土的是唐宋时期成都城的街道、房屋和一个庞大的地下排水系统。4 条铺砖主街道纵横交错，残存最长的达 50 多米。通过对排水渠道走向和街坊规模分析，在地块周边应埋藏着一个更

▲ 成都唐宋街坊遗址

大的唐宋时期古街坊遗址。

虽然开发商和成都市政府都迫切希望2011年成都地标建筑能够顺利建成，却也不得不在古人珍贵遗存面前停下脚步。这一发现很快引起国家文物部门的重视，国家文物局领导、专家以及中科院院士进入遗址，指导发掘与保护。

谢涛称，它是目前为止成都市发掘的商业功能最全、占地规模最大的一处唐宋时期街坊遗址，弥补了成都城唐宋时期考古的一个空白，它充分说明成都城在唐宋时是一个非常繁华的城市。

北宋著名词人张仲舒写道："成都好，蚕市趁遨游，夜放笙歌喧紫陌，春邀灯火上红楼，车马溢瀛洲"。这首词便是成都当时商市热闹场面的生动写照。但这一时期，成都商业贸易与货币制度之间的矛盾却在不断加剧。

▲ 繁华的宋朝成都

北宋时，朝廷没有实现币值的统一。在货币流通区域上，全国分为铜钱区、铁钱区及铜铁钱并用混合区。当时，由于金属货币资源有限，加之铸造成本高昂，因此日渐稀少。然而，随着经济的发展，交易越来越多，商品交易量大大超过货币流通量，以至金属货币供不应求，市面上甚至出现钱荒。

这就为交子的产生埋下了伏笔。

▲ 铁钱——小平钱

四川省钱币学会副会长高文称，宋以前，一直到北宋初年，四川和全国一样，流通的是方孔圆钱——铜钱。因战争需要，北宋决定在四川铸造铁钱。北宋灭蜀后，把四川作为其财源基地，在将近10年的时间里，将四川财物由长江运往首都开封。结果造成四川铜币匮乏，铁钱成为四川的流通货币。

随着经济的发展，笨重的铁钱越来越阻碍商品流通。当时四川铸造的铁钱——小平钱十贯重量达32.5千克。

▲ 铸钱图

史书记载，官方自陕府搬铁钱一万贯至秦州，计用脚钱二千六百九十余贯，运费竟占了铁钱本身价值的四分之一还多。商品经济的发达，铁钱使用的不便，而大宗交易又催生着大额的信用货币。

如何解决这日益突出的矛盾？谁将是大梦觉醒的先行者呢？

历史总是在必然规律与偶然事件的结合中发展前进的。

993年，四川青城山爆发了茶商王小波、李顺带领的农民起义。这支中国历史上第一次提出“均贫富”口号的农民起义军势如破竹，迅速占领了成都并席卷至靠近重庆的万州、夔州以及紧邻陕西的广元。

中国钱币学会副理事长戴志强称，由于长期战争，使四川经济受到严重影响，铸钱也停顿下来，造成市场上钱币紧缺，百姓手中缺少现金。在此情况下，民间把它称为交子，像现今存单、支票性质的单据、票据，在私下顶替铁钱使用。

在宋朝，通常把城镇里从事商业活动并拥有店铺者称为铺户。994 年前后，成都地区仍时有战乱发生，各地到成都从事贸易的商人，为了旅途安全和解除携带大量铁钱的累赘，于是，把铁钱寄存在专门经营存钱业务的铺户里，铺户把存款人存放现金的数额填写在用楮纸制作的券面上再交还存款人。当存款人提取现金时，则付其一定的保管费。这种临时填写存款金额的楮纸券就是交子，相当于现在的活期存单，而经营此业的铺户被称为交子铺户。

▲ 交子铺户开具的凭证

四川省社科院历史专家谭继和称，为什么叫交，就是交换使用的凭证，是纸币的雏形，代替铁钱的使用。一张交子就相当于一千钱或一万钱，如何叫人信任它呢？因它由经济实力强大的商户作担保，同时钱庄也掌控在这些大商户手上，所以它有较高的诚信度。

随着市场经济的发展，交子的使用越来越广泛，商人之间的大额交易越来越多，都直接用交子支付货款。正如史料记载：“西川之楮币，贷百金之货，走千里之途，卷而怀之，皆曰铁不如楮硬”。

戴志强称，形容富人腰缠万贯，这是纸币出现时才有的词汇。万贯的铜钱、铁钱包括金银币都难以缠其腰间。纸币很轻，随身可带，方便交易，可以轻松买到你要的东西。它是中国货币史上的一个飞跃。

交子逐渐在民间流通开来，市场需求加大，同时也驱动着交子铺户对利益的追逐。于是他们开始印刷有统一面额和格式的交子，作为一种新的流通手段，向市场发行。

谭继和称，每岁丝、蚕、米、麦将成熟时，交子铺发行量增大，纷纷抢印交子。

此时的交子大多为10贯的大面额，相当于铁币1万文。正是这一步步的发展，使得最初仅作为信用凭证的交子逐渐具备了信用货币的特性，真正成了纸币。

10世纪末，人类第一张纸币在成都诞生，而成都的商人则成为最早吃螃蟹的人。大梦先觉的交子动摇了具有2000多年历史的金属铸币根基，逼使它逐步退出主导地位。交子比欧洲纸币早了600多年。

目前唯一能看到的交子图案，是抗战时期，一个日本文物爱好者自称在中国四川民间收集到的交子实物的影印图像，学术界称之为千斯苍版，然而今天学术界普遍认为这还不是真正的交子。

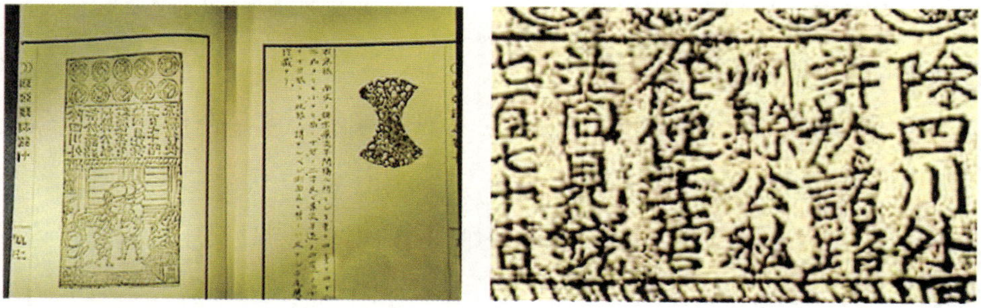

▲ 千厮苍版交子

谭继和称，图像值得注意的是：第一，出现了四川称谓。四川是川陕四路的简称。北宋初期设立了川陕四路总管，到建炎年间就简称为四川总管。交子出现在简称四川以前。第二，图像上说除四川以外各路、州、县公私都可使用，可四川的交子只有四川专用。

据元朝成都人费著所著《楮币谱》记载：最初使用的交子印制图案讲究，两面印有木屋人物隐秘题号，黑红间错，商铺亲笔押字，他人难以仿造。

对于这样重要的文明成果，却因纸币的不易保存，导致交子的实物从未现身，这给中外历史学家、金融专家带来无比的困惑，因为没有实物佐证，对于交子的研究考证众说纷纭。

1993 年四川省文化厅、人民银行四川省分行、四川省钱币学会曾经联合登报，重金悬赏寻找交子实物，结果却石沉大海。后来，许多相关单位也采取不同方法或行动寻找交子实物，仍是杳无音讯。

▲ 登报重金悬赏寻找交子

这让交子显得更加扑朔迷离，交子的真实面目究竟是什么样，何时才能够揭开它神秘的面纱呢？

2009 年 5 月，成都一家媒体报道：交子印版惊现成都。一时引起人们极大关注。

原来，在 2009 年 1 月成都新春赛宝会上，古玩商店宝源通的杜晋康先生带来了一件藏品，为一铜块，被现场专家认为可能与北宋四川交子印版有关。因此被评为最具研究价值奖。

这件在业界引起轰动的铜块，为青铜质地，有不规则断口，铜块的一面光洁无文，另一面则有竖向三排文字，两边为交叉田字形图案。

▲ 疑为交子印版的铜块

钱币收藏爱好者杜晋康称，这块铜板是在杜甫草堂古玩市场淘到的，一看到它的锈色、包浆就可以认定是开门的老货，铜板上带有很多文字。

杜晋康一眼就看出铜块的包浆和水坑锈不是仿制的。所谓包浆是指器物表面没有浮锈，通体呈现一层均匀、柔亮的氧化层，仿佛是一层美丽的、厚厚的浆状外表。而水坑锈则是南方出土的青铜器锈蚀较重的独有特征。尽管不识铜块上镌刻的文字，杜晋康还是壮着胆子花 5000 元买下了铜块。

为了搞清铜块的真实来历，杜晋康咨询了许多成都钱币界资深的鉴定师和收藏家。

江益德、詹星和罗天云是成都市金牛区钱币学会的会员。10 年来，他们收集有关交子的文献资料潜心研究，不放过任何一个和交子有关的线索，哪怕是蛛丝马迹。他们知道交子的线索少之又少，也许一丝线索就意味着一个突破。交子印版惊现成都的消息，让 3 位老人万分欣喜。当看到铜块时，他们的看法却产生了分歧。

江益德称，它雕的是反字，印出来才是正字，当然就是铜印版；另外它雕的字体是典型的宋体风格，应该是宋朝的东西。史料记载：江浙一带的宋版雕刻多半采用欧体字，四川地区多半采用颜体字，而这个铜板是颜体风格，跟史书记载完全吻合。

颜体：唐朝书法家颜真卿所创的一种书法字体，又与柳公权合称为“颜柳”，有“颜筋柳骨”的说法。“颜体”只针对颜真卿的楷书而言，笔力雄强圆厚，气势庄严雄浑。从美学上论，颜体端庄美、阳刚美、人工美，数美并举；从时代论，颜体一出，唐斗坛所铸新体成为盛唐气象鲜明标志之一。

罗天云称，它形为怪状。从留下这四分之一看，它是一个梯形，上宽下窄。若从整版看，假设上下一样宽，中间比上下宽些，就成一个菱形。古今中外的纸币，都是长方形，没有菱形的造型。

詹星认为从锈色看是老件，它有十多个字，其中有“丙午岁”字样。如果按照60年一个甲子，反过来刚好套上十六户交子时期，时间对得上。

因印版大部分残缺，他们很难做出准确的判断，但还是感到铜板具有一些北宋四川交子特征。便请对汉学和钱币深有研究的专家高文先生察看藏品。高文辨认出铜块上的文字为：“拾柒日终　丙午岁　第贰界”。指出藏品可能与交子印版相关。

高文称，铜块色彩自然形成，不是人为的，锈色也很正常，是上千年的老东西。文字中间是丙午两字，旁边有第二界等，具有私交子制版内容的特征。但是残块很难判断全貌。图案、制版技术比较粗糙。到了交子三个阶段中最后官交子时，制版相当精致，有几种颜色。所以它可能是第一阶段中早期的残片，但很难下结论，只能说是研究交子的一个重要资料。

如果这件藏品是交子印版，则应是这一批交子停用后印版被毁的残片。

虽然对这件藏品的研究工作仍在继续，但它却仿佛黑暗中的一道曙光，让货币历史的研究者看到了破解交子之谜的希望。

2007年8月，一场突如其来的金融风暴席卷全球，各国经济剧烈震荡，债券市场几乎瘫痪。这一年，余世宽老人的研究更加深入。全球性金融危机的爆发，给了他一个实例比较的机会，将对1000多年前交子的关注与眼下的金融危机结合在了一起。

余世宽称，中国宋朝正是由于金融失控，交子大量发行，形成了恶性通货膨胀。同样，这次金融危机也是金融失控的表现，影响了美元的发行。

重大事件总是逃不脱历史的记载，而记载中的历史和生活中的现实，在余老眼中却又如此相似。

余世宽称，在私交子分散发行时期，随着交子信誉的确立和客户的增多，老板发现客户并不

通货膨胀：因货币供给大于货币实际需求，即现实购买力大于产出供给，导致货币贬值，而引起的一段时间内物价持续而普遍的上涨现象。造成通货膨胀的直接原因是国家财政赤字的增加，政府为了挽救经济危机或弥补庞大的财政赤字，不顾商品流通的实际需要，滥发纸币。衡量通货膨胀率的价格指数分为三种：消费价格指数、生产者价格指数、国内生产总值价格折算指数。

是同时取款，只要储备一定的准备金，就可以满足客户需求，于是就把存款移作他用。

交子铺户发现只要自己手里有一定数额的铁钱作保证金，就能够应付兑换需求，即使他人不来存款也可以直接发行交子投入市场流通。

成都商人悟出了纸币当中隐藏的惊天秘诀。然而，正是这个发现将给社会带来不可摆脱的梦魇。

交子发行之初，益州的柜坊业十分发达，有 80 余户。这时交子是各铺自己发行，这个时期因此叫分散发行期。

余世宽称，交子铺有利可图，铺户逐渐增多，越来越良莠不一。精明的老板暗中把客户存款用于买房屋、买土地或投资在其他方面，以追求更大的利润。

到后来，由于官府缺乏有效管理和规范，交子铺的发行开始紊乱无序、信誉变差。

挤兑：指在银行券流通的条件下，银行券持有者争相到发行银行券的银行要求兑现贵金属货币的现象。当一家银行的信用发生动摇，准备金不足，银行券兑现发生困难，就会发生挤兑。挤兑可能使一家银行倒闭，甚至波及整个银行业。

余世宽认为有的交子铺发行过量，给自己埋下隐患，一旦发生天灾人祸、社会不稳定、物价上涨、交子贬值，或是有的交子铺失信，一传十、十传百就会发生挤兑。

1000 年年初，四川发生以王均为首的兵变，兵变士兵占领成都，并建立了大蜀政权。其间，一些唯利是图的交子铺户恶意欺诈，在滥发交子后，闭门不出、停止营业或者挪用存款，使所发交子无法兑现。造成许多打官司和挤兑事件。金融的混乱，物价的飞涨，使交子几乎失去了信誉。

四川师范大学教授魏华仙称，1003 年，朝廷任命张咏为益州知府，他在宋朝很有名，有真知灼见。他认为，益州民间创造的纸币便于使用、携带，成本很低，应大量制造。只要严格管理，可以利用。对于弥补战乱造成的损失，恢复、发展益州的经济会有很大作用。他首先整顿了市场秩序，从众多交子户中挑选出最具实力的16家，采用联保方式实施交子业务特许专营，取缔了其他交子铺户经营资格。而这16铺户取得交子专营权的代价，是以他们的财产共同担保交子信誉，承担政府每年夏秋之际收储粮食的人工费用，以及今天位于成都市金牛区的九里堤河道的岁修费用。

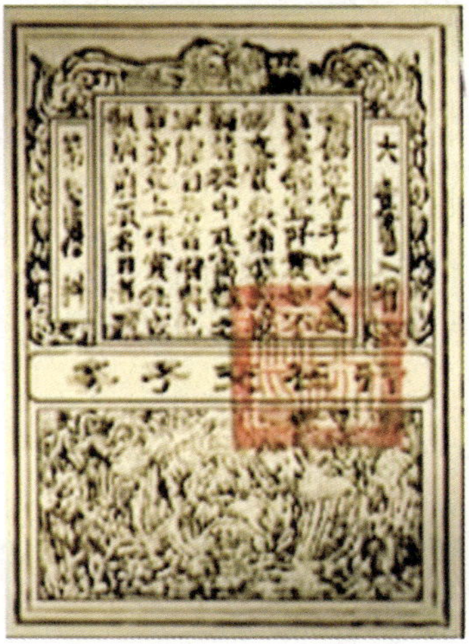
▲ 集中发行期的交子数字模拟还原图

政府的大力支持，使交子提升了公信度。当形式统一、印制精美的私交子以崭新面貌再次走向市场时，受到了商家及民众欢迎。为便于管理和稳定运营，交子发行定为三年一界，一界即发行和兑换的有效期限。专营方式一直持续到1020年，史称十六铺户时期，也叫集中发行时期。

不幸的是交子诞生20多年后，其命运发生了重大转折。

1020年，新任四川地方最高长官寇瑊上奏皇帝宋真宗，陈述交子的危害。

魏华仙称，寇瑊在奏书中，建议禁止发行交子。主要原因是，虽然当地政府采取了十六户联保措施，但经营不善，经常不能及时兑现、兑付，造成社会纠纷不断。

宋真宗同意禁止交子发行。因此，寇瑊劝诱十六铺户关闭交子铺，全部销毁交子印版，并下令全面禁止交子流通。

江益德在仔细查阅相关资料后却发现了一个鲜为人知的秘密。

江益德说，寇瑊为什么一到益州就禁止交子呢，其实这里面充满了政治斗争。

江益德所说的政治斗争，是北宋最高权力阶层中，以宰相寇准和宋真宗赵恒的皇后刘氏各为一方的权力之争。皇后刘氏原名刘娥，四川成都人，祖籍山西。自幼父母双亡，后来她到京城开封并与当时还是襄王的赵恒相识。刘皇后不仅美貌出众，而且聪慧干练，在交子的发展历程中，扮演了重要的角色。

江益德称，据史料记载，当时政出宫闱，宋真宗把处理国事的权力交给刘皇后，引起宰相寇准强烈不满。他认为这是祸事，于是向宋真宗提出：立太子监国。实质上就是剥夺刘皇后干预朝政的权力，这使刘皇后极为不满。寇瑊到益州立刻禁止交子，很明显这是出于政治斗争的需要。

禁止交子发行后，四川商品贸易受到严重影响，交易清冷。寇瑊的继任者薛田和地方官员都认为，自来交子之法，久为民便，即使不准私人发行，也应当由官府代替发行，不能废除。交子被禁止 2 年多后，宋真宗去世。即位的宋仁宗只有 12 岁，皇太后刘娥开始垂帘听政。

魏华仙称，皇太后首先下旨，命知州薛田、转运史张若谷调查发行交子之利弊。经一番调查，薛田和张若谷共同上书“自住交子，后来市肆，经营买卖萧索，今若废私交子，官中置造，甚为稳便”。意思是说：“自从废除私交子后，市场经营萧条，如果废除私交子，然后由政府来制造发行，会给社会带来方便”。

1024 年 1 月 12 日，在刘皇后主持下，召开御前会议，对交子做出最终结论，即“果利民，其行之”。同时做出决策，将货币发行权收归国有的时刻终于来临。1024 年 2 月，宋朝在成都设益州交子务，正式发行交子。人类历史上第一次由政府发行的法定纸币诞生了。其实私交子被禁，除了有政治斗争因素和交子铺户的诚信问题，也许还有一个更为重要的原因，那就是对于一个对盐、铁、茶叶等重要商品，必须实行国家专卖的中央王朝来说，对金融货币的掌控权力绝对不能下放民间。由于特殊历史原因，民间私交子虽然也曾盛行一时，然而一旦交子铺户良莠不齐、遍地开花时，它的命运也就到了头。

北宋时期的成都虽然经济发达、商业繁荣，但并非全国唯一，可与之媲美的还有开封、杭州、苏州等大都会。为什么标志着商业文明的世界第一张纸币偏偏诞生在成都呢？如果说具有远见卓识的地方官员，以及权倾一时的刘太后使成都具备了发行交子的政治环境，发达的商业使成都具备了经济环境的话，那么在制造纸币的技术条件和物质保障方面，成都是否也有一些独特的优势呢？

1944年，在成都市东门外望江楼附近的唐墓中，出土了一份印刷品《陀罗尼经咒》，约33.33厘米，上刻古梵文经咒，四周和中央印有小佛像，边上有一行汉字依稀可辨，为“成都府 成都县 龙池坊卞家印卖咒本”。

袁庭栋称，唐朝晚期的成都，雕版印刷术已相当发达，它是全世界迄今为止最早的明确时间、地点的印刷品。雕版印刷术发达，还有一个背景是纸张，它是雕版印刷术的载体。

宋朝的四川，造纸技术在唐朝和五代的基础上，又有了长足的发展，是全国重要的造纸基地。特别是麻纸和楮皮纸在全国享有盛誉。

谭继和称，楮皮纸光洁，柔韧。这种纸可印刷有暗记的纸币，使交子具有了保真性、分辨性，且十分耐磨。它不像飞钱，只供两家商铺使用。纸币是供社会所有人使用、流通，所以必须非常耐磨。

楮，就是构树。楮纸的制作方法是将剥下的楮皮，在水池中沤，通过生物发酵作用除去果胶，再剥去青皮用草木灰水蒸煮，再舂捣、漂洗成纸浆造纸。当时成都城南百花潭浣花溪水清异常，造纸最佳。这一带从事造纸者达数十百家之多，是著名的造纸基地。除了造纸基地，从唐末五代以来，四川还一直是全国的印刷中心之一，宋朝四大书《开宝藏》《太平御览》《册府元龟》《文苑英华》中的3部在四川刊印，因而享有蜀刻甲天下的美誉。

▲ 印刷品《大藏经》

袁庭栋称，北宋初年，宋太祖知晓成都雕版印刷发达，就命令在成都印刷一部众多藏经总集。因在开宝时开印，后代称为《开宝藏》。其规模十分宏大，13年间雕刻了13万块经版。

《大藏经》的雕刻，培养了大批雕印工人，

▲ 成都浣花溪

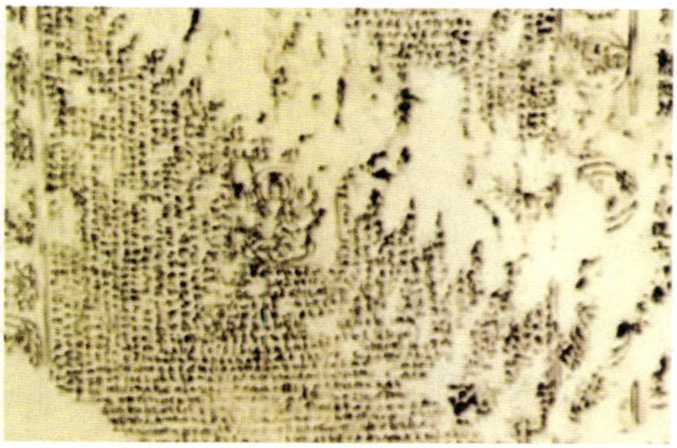

▲《开宝藏》

▲ 木雕印版及雕刻工具

《大藏经》：佛教经典的总集，简称为藏经。内容包括经（释迦牟尼在世时的说教以及后来增入的少数佛教徒的说教）、律（释迦牟尼为信徒制定必须遵守的仪轨规则）、论（关于佛教教理的阐述或解释）。各个时代编纂的《大藏经》，形式和内容互有不同。北宋开宝年间第一部木版雕印的《大藏经》问世后，历元、明、清至民国，共出版过木刻和排印本《大藏经》20种。

积累了丰富的雕印经验。特别是它的雕印地净众寺，也与交子建立了不可分割的联系。

净众寺位于成都市金牛区万福桥附近，建于汉朝，当时叫万福寺，唐改名为净众寺，其规模宏大，香火旺盛。一些研究者认为，《楮币谱》明确记述了官交子制造地就在净众寺。也有学者认为，这只能说明纸币造纸场地所在，而与交子印制地无关。

如同考证椒子街的来历一样，净众寺是否就是交子的印制地还在进一步考证。然而无可更改的是，它确是迄今为止在历史记载中唯一与交子具有直接关联的地名。

▲ 成都净众寺

净众寺所在的区域位于成都西北，在交子诞生之前，这里已经是成都商品交易的聚集地，它的繁华与热闹一直延续到今天。如今在这一带，成都市金牛区的城市开发，已展示出现代化都市建设的勃勃生机。在当年净众寺的中心地带，现今通锦路上，人们树起了一座石碑，永久纪念人类历史上第一张纸币的诞生。

▲ 人类历史上第一张纸币诞生的纪念碑

官方发行的交子被后人称为官交子，作为国家法定货币，官交子的权威性和公信度大大高于私交子，其管理、印制都十分规范和考究。不仅如此，当交子币值下降时，官府会用现钱回购纸币，从而保证交子币值的稳定，这项具备现代金融理念的做法叫称提，在宋朝已逐渐成熟。1044 年和 1045 年因对西夏用兵，为筹集军费，朝廷从益州交子务提取 90 万贯交子。到后来，朝廷向全国其他地方推行交子，如陕西交子、山西潞州交子，都受到益州交子发行成功的影响。

令人更为惊讶的是官交子从 1024—1090 年的近 70 年间，其币值一直超常稳定。

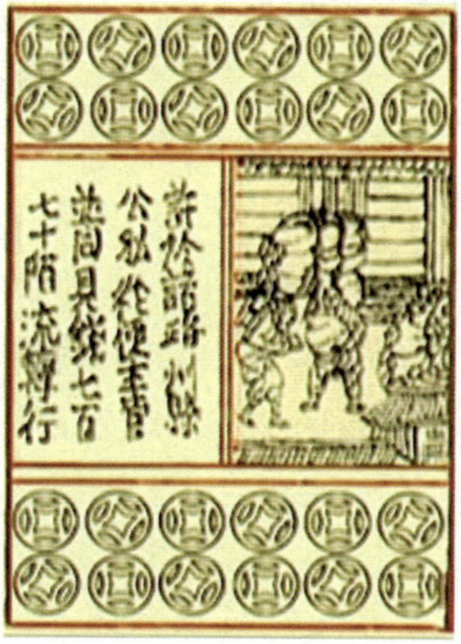

▲ 官交子数字模拟还原图

江益德称，1068—1077 年，成都府所属的彭州，交子仍然每贯卖 940 文到 960 文，到 1090 年还能卖 900 文以上。在交子发行运营 70 多年时间里，政府始终把它的贬值幅度控制在 5%～9%，让今人也叹为观止。

官交子币值稳定为朝廷带来不菲收入，官方每界所获取的贯头钱，即每贯收取 3% 的息，以及水火不到钱，即界满未按时换新交子，旧交子作废的钱，就是一笔惊人的数字。

然而，对于本身缺乏有效自我约束机制的封建国家，它与私人铺户的发行会有本质区别吗？它真能摆脱发行失控的命运吗？

2008 年，一本探索金融危机的畅销书《货币战争》中提到一个观点，称美国次债危机的本质就是，银行在产生按揭贷款的同时，无中生有地创造了货币。也就是将未来还没创造出来的劳动产品提前印成货币，并进入了流通。这种靠疯狂印钱保证自已总是有钱的游戏，在 1000 多年前的宋朝就有大致相同的演绎，它们共同说明：没有货物保障基础的过度预支，就会引发经济危机。

接管交子发行后，朝廷渐渐发现纸币真是好东西，只要在纸上印几个字，就可当真金白银使用，实在是无本万利的好买卖。要打仗了印纸币，要安抚百姓也印纸币，朝廷要采办消费，还是印纸币。随之而来的就是恶性通货膨胀和丧失信用纸币的消亡。到宋神宗时期，外患加剧，朝廷又从成都提取交子 10 万贯对边境百姓进行安抚，并开拓荒地 600 千米。不仅如此，朝廷还下令：在陕西、山西开设交子务发行交子。

1101 年，随着宋徽宗的即位，交子泛滥的洪峰终于来到。

1102 年，增印交子 200 万贯，而在此之前发行的限额为 188 万贯；1104 年增印 1243 万贯；1105 年增印 507 万贯；1107 年增印 2694 万贯，相当于国家发行保证金 36 万贯的 74 倍。期间，宋徽宗还下令在全国通行交子。由于空券交子的发行量，远远大于流通量，造成恶性通货膨胀致使民不聊生。到了大观元年，一贯交子从最初值一千文钱贬值到只值十几文。

袁庭栋称，1107 年，宋徽宗采取了非常错误的财政措施。把已经发行的第 41 界到第 43 界的交子全部作废，数量高达 6000 万贯。1 贯相当于 1000 个铜钱，这是巨大的数量。有官员上奏朝廷说，由于在新钞发行前，就把日钞作废，会给民间带来严重后果。他估算：由于几界交子作废，而造成损失 1000 贯以上财产的商家达 30 万户。在全国经济行将崩溃的局面下，当朝宰相张商英为扭转交子发行的混乱局面，决定将交子改为钱引发行。

1258 年，四川除重庆、万州、奉节外均被元军占领，交子完全丧失了信用货币的作用，变得一文不值。从此，发行了 102 界历时 259 年的交子终于寿终正寝。

交子历经了私交子到官交子再到钱引的 3 个阶段，也走过了从私人发行的辅助货币到政府发行的主要货币的路程，正是由于交子跌宕的命运，使人们更加关注对它的研究和探寻。

信用货币：是由国家法律规定的，强制流通不以任何贵金属为基础的独立发挥货币职能的货币，产生于 20 世纪 30 年代世界经济危机。目前世界各国发行的货币，基本都属于信用货币。信用货币由银行提供的信用流通工具，其本身价值远远低于其货币价值。

江益德称，北宋三司使沈括提出了加速货币流通，促进经济发展的观点：钱利于流借。

南宋时期，有关治理通货膨胀的理论也浮出水面。

江益德称，南宋的袁燮认为“盖楮之为物也，多则贱，少则贵，收之则少矣，贱则壅，贵则通，收之则通矣”。意思是：“货币发行量和商品流通量大体一致才行”。

交子200多年发行流通历程和有关交子理论的形成，对后世及世界产生着持续的影响。

《金史·食货志》记载：“复钞引法，遂制交钞，与犹循交子之法”。1298年，意大利旅行家马可·波罗来到中国，发现了元朝使用的纸币，在《马可·波罗游记》中详细介绍了中国纸币印制工艺和发行流通情况，并对炼金术般的制造纸币技术大加赞赏，从此欧洲人了解了纸币。无论中国宋、金、元、明的行用纸币，还是今天世界通行的支付手段，对纸币来说，信用价值是它存在的前提，而社会稳定则是它的根本保障。

当饱受金融危机影响的人们在历经了财富缩水、货币贬值带来的震荡后，是否应当再次从1000多年前的交子中寻找一些亘古的启示呢？